SPORT
VERLAG
BERLIN

ULRICH KÜHNE-HELLMESSEN · TOM BENDER

Matthias Sammer – Der Feuerkopf

SPORTVERLAG BERLIN

Idee und Konzeption: B&K pro media, Hamburg
Redaktionsassistenz: Klaus Feuerherm
Statistik: Sports.data, Berlin
Lektorat: Harro Schweizer, Berlin
Anzeigen/Sponsoren: DMC.sport, Hamburg; B&K pro media, Hamburg
Bildredaktion: Cathrin Bangen, Heiner Köpcke, Köster + Co., Hamburg
Titelgestaltung: Volkmar Schwengle, Buch und Werbung, Berlin
Titelfoto: dpa/Zentralbild Sportreport
Fotos: adidas, Bongarts, Camera4, dpa, Firo, Horstmüller, Imago, privat, Rudel, Sven Simon, TriAss, Ullstein
Reproarbeiten: LVD GmbH, Berlin
Druck und Bindung: GGP Media, Pößneck

Printed in Germany 2001

ISBN 3-328-00884-5

Dank der Autoren an
Franz Beckenbauer, Martina Bender, Oliver Brüggen, Christoph Daum, Alfred Draxler, Klaus Eder, Prof. Dr. Peter Hertel, Richter Krause/Landgericht Hagen, Katharina Kreke, Martina Kühne-Hellmessen, Anita Lorenz, Dr. Müller-Wohlfahrt, Michael Pfad, Mike Riehl, Karin, Matthias, Sarah und Marvin Sammer, Gerhard Schröder, Christian T. Sommer, Sportschule Barsinghausen und alle Sponsoren

Inhalt

Ohne Sammer hätten wir 1996 nicht den Titel gewonnen

VON BUNDESKANZLER GERHARD SCHRÖDER

Im Fußball ist es meistens wie im Leben – und übrigens auch in der Politik: Es kommt auf ein gutes Mannschaftsspiel an und auf glänzende Einzelspieler, die den entscheidenden Tick für den gemeinsamen Erfolg geben können. Grund genug, sich an den Mann zu erinnern, ohne den das deutsche Team 1996 wohl kaum so erfolgreich gewesen wäre: Matthias Sammer.

Oliver Bierhoff hat damals das »Golden Goal« erzielt und die deutsche Elf zum EM-Titel geschossen. Jürgen Klinsmann begründete als Kapitän jenen »Teamspirit«, der Mannschaft und Zuschauer begeisterte. Dieter Eilts schaffte durch seine Konsolidierungsarbeit die Freiräume, die wir in der Politik »Handlungsfähigkeit« nennen würden. Berti Vogts hatte schon Recht, als er sagte: »Der Star ist die Mannschaft.« Aber vor allem war es Matthias Sammer, der das Team mit seiner Begeisterung und Leidenschaft zu Höchstleistungen trieb.

Man nannte ihn zwar den »Feuerkopf« – aber seine Qualitäten lagen nicht nur in seinem Temperament und Siegeswillen. Er war einer, der das Spiel »lesen«, der Situationen blitzschnell erfassen konnte, ein Spieler, bei dem Talent, Intuition, Disziplin zusammen kamen.

So, wie er den Libero der neunziger Jahre interpretierte, war Sammer ein Modernisierungsprogramm in Person. Bei seiner Spielweise verstanden auch wir Laien auf Anhieb, was »Forechecking« und »Überzahlspiel« bedeuten. Mit seiner Spielintelligenz und seinen technischen Fertigkeiten dirigierte Sammer das deutsche Ensemble zu Erfolgen, die nicht nur erkämpft, sondern erspielt wurden.

Dabei ließ er keinen Spurt und keinen Zweikampf aus, er tobte und schrie auf dem Platz – auch gegen die eigenen Kollegen. Auf dem Feld war seine Autorität unbestritten. Und wenn es ihm zu bunt wurde, nahm er sich den Ball und lief einfach mit ihm bis ins gegnerische Tor.

Leider konnte er nicht selbst bestimmen, wann es Zeit zum Abtreten ist. Aber er konnte sicher sein, dass alle Fußballfreunde sagen würden: »Zu früh!«

Persönlichkeiten wie Matthias Sammer zählt man gemeinhin zu den »Ausnahmespielern«. Natürlich entscheiden sie allein kein Turnier, aber sie können die Mannschaftsleistung entscheidend beeinflussen. Wie sehr, wird oft erst verständlich, wenn ohne sie gespielt werden muss: Auch Stefan Effenberg wurde beim FC Bayern in entscheidenden Spielen vermisst. Matthias Sammer hatte eine bewegte Karriere hinter sich, bevor er in England zur Weltklasse auflief, und vielleicht war es die Turnieratmosphäre, die ihn über sich hinauswachsen ließ.

(Diesen Beitrag schrieb Bundeskanzler Gerhard Schröder vor der EM 2000 in der *Frankfurter Allgemeinen Zeitung*. Schröder selbst war früher Mittelstürmer beim TuS Talle im Lipperland/Kreis Detmold.)

Der Feuerkopf

SCHAUPLATZ: LONDON, SHAFTESBURY AVENUE 23
DATUM: 24. OKTOBER 1994

Tony Davidson und Kim Papworth sitzen da an ihren Schreibtischen und es sieht noch wüster aus als sonst. An der Wand kleben die Layouts von der letzten Werbekampagne. Auf dem Boden Fußballzeitschriften aus ganz Europa. Dazu neben den üblichen Bildbänden, aus denen sie sich schon mal Ideen klauen und Anregungen holen, über den ganzen Fußboden verteilt Fotos von Fußballern. Von Del Piero aus Italien. Von Gascoigne aus England. Von Desailly aus Frankreich. Von Hierro aus Spanien. Und von Matthias Sammer, dem Rotschopf aus Deutschland.

Der Auftrag, vom Sportartikel-Giganten »adidas« aus Herzogenaurach ausgesprochen, ist eindeutig: eine Werbekampagne für den neuen Schuh »Predator«, in dem die Stars aus ganz Europa die Hauptrolle spielen und der auf allen TV-Kanälen laufen soll.

Tony ist Art-Director und Kim Texter – beide angestellt bei der Londoner Werbeagentur Leagas-Delaney, die in dem Künstlerviertel Covent Garden beheimatet ist. Schon das rote Backsteinhaus verspricht Besonderes. Die Londoner nennen das Haus mit der Nummer 23 »Egypt House«, weil an der roten Front weiße Sphinx-Köpfe an Ägypten erinnern.

Kim, der Texter, studiert noch einmal die vorgelegten Exposés über die Stars. Da ist die Akte von Del Piero. »Den nennen sie Pintericchio«, murmelt er vor sich hin. Und Tonys Augen beginnen zu leuchten: »Ich hab´s. Das ist es.« Und er erklärt, dass Pintericchio ein italienischer Renaissancemaler ist. »Deshalb nennen wir ihn ›The Artist‹, den Künstler. Und finden für jeden anderen auch einen Spitznamen.« So wird Gascoigne zu »The Magician« und Desailly zum Felsen, »The Rock«. Aber was wird aus Sammer?

Wieder einmal schlagen sie sich die halbe Nacht um die Ohren. Die hellgrauen Schreibtische, die ganz eng zusammenstehen, verschwinden immer mehr unter zerknüllten Papierbergen. Ideen werden aufgekritzelt und genauso schnell wieder verworfen. Hinter der Glaswand, die ihre Denkstube vom Großraumbüro der Agentur trennt, glühen die Köpfe.

Das alte schwarze Telefon der British-Telecom – noch nicht einmal mit Wahlwiederholung ausgestattet – wird unter den Papierbergen hervor gewühlt und noch einmal ein Draht nach Deutschland gelegt. Es geht um Informationen über Sammers Charakter.

Die Begriffe hämmern sich in ihre Köpfe: Er ist impulsiv, ein Gerechtigkeitsfanatiker, Führungsspieler, Rotschopf, Reizfigur. Was lässt sich nur daraus machen?

Als die neue Kampagne in Herzogenaurach präsentiert wird, sind für Sammer zwei Begriffe gefunden: »Match« wie Streichholz und »Firehead«, Feuerkopf. Man entscheidet sich für »Firehead«. Auch deshalb, weil das Wort in der englischen Sprache einen positiven Klang hat. Firehead ist eine Führungsfigur, während Feuerkopf auf deutsch eher nach Jähzorn klingt. »Nein«, versichern die Werbefachmänner aus London, »es ist seine Art, Fußball zu spielen. Da brennt ein Feuerwerk ab.«

Die letzte Entscheidung soll bei Matthias Sammer selbst liegen. Die Repräsentanten aus Herzogenaurach nehmen den Kontakt auf und konfrontieren ihn dann mit den zwei gefundenen Begriffen. Seine erste Reaktion auf »Firehead« ist eher negativ. Vorsichtig lässt er anklingen: »Find ich nicht so gut.« Aber seine Frau Karin sagt ebenso spontan: »Wieso, stimmt doch, du hast nun mal rote Haare.«

So wurde in der Shaftesbury Avenue in London der Spitzname für Matthias Sammer erfunden, am Schreibtisch geplant. Der Feuerkopf war geboren.

Und die Werbefachleute prägten damit einen Begriff, der auf Matthias Sammer zutraf wie kaum ein anderer, der den außergewöhnlichen Fußballer vielleicht am besten charakterisiert. Nicht, dass Sammer besser mit dem Ball zauberte als ein Diego Maradona. Er hatte auch nicht die Power, mit der Lothar Matthäus zum Weltfußballer wurde. Nicht die Härte eines Jürgen Kohler und keinen Turbo wie Andy Möller. Matthias Sammer hatte von allem etwas, konnte fast alles und noch mehr: Durch seine enorme Willenskraft hat er gesamtdeutsche Fußballgeschichte geschrieben.

1990 war er der letzte Kapitän und letzte Torschütze der DDR-Auswahl, die es fortan nicht mehr geben sollte. Beim 2:0 in Brüssel, dem letzten Spiel der DDR-Auswahl, schoss er beide Tore. 1990 war er zusammen mit Andreas Thom beim 4:0-Sieg gegen die Schweiz der erste DDR-Spieler in der gesamtdeutschen Elf.

1995 wurde er von den deutschen Sportjournalisten als erster Ost-Sportler zum Fußballer des Jahres gewählt.

1996 wurde er als erster Ost-Fußballer überhaupt Europas Fußballer des Jahres.

Vor allem das Spiel der Wiedervereinigung drückte ihm diesen geschichtsträchtigen Stempel auf. »Er hat ein Anrecht darauf, hier als Erster zu spielen«, sagte Berti Vogts auf die Frage, warum er als erstem Ost-Spieler ausgerechnet Matthias Sammer das Trikot mit dem Bundesadler in die Hand drückte.

Vor diesem ersten Spiel in der Elf des Weltmeisters sollte sein Foto zusammen mit dem von Lothar Matthäus die Plakatwände zieren – als äußeres Zeichen für die sportliche Wiedervereinigung. Nach einer Bedenkzeit sagte Sammer dem DFB aber ab. »Damit hätte ich dem ehemaligen DDR-Verband geholfen. Aber für diesen DFV wollte ich keine Reklame machen. Das Plakat hätte zwar mein Bild, aber nicht mein wahres Gesicht gezeigt.«

Matthias Sammer – er ist anders als andere. Ein Mann mit Prinzipien. Als dann erstmals auch für ihn die Hymne gespielt wurde, schloss er die Augen. Nachher von Journalisten nach dem Grund gefragt, sagte er: »Ich habe mir ganz bewusst mein ganzes Leben vor Augen geführt. Nur so konnte ich diesen besonderen Moment richtig würdigen.« Ebenso typisch sein Satz nach dem 4:0 gegen die Schweiz. »Ich will nicht schon nach meinem ersten Spiel Geschichte sein. Die Fußballeinheit ist vollzogen, ab jetzt zählt nur noch Leistung.«

Die Fans in den Stadien haben ihn als feinen Techniker kennen gelernt, dem der Ball gehorcht. Sie feierten ihn als Torschützen und bewunderten seine Kopfballstärke. Sie wissen, dass er Spielsituationen ahnen konnte und deshalb über ein hervorragendes Stellungsspiel verfügte. Aber Matthias Sammer wurde als Spieler nie geliebt wie ein Rudi Völler, den in allen Stadien die

»Ruuuudi«-Rufe begleiteten. Sammer wurde von den Fans respektiert, vielleicht sogar bewundert. Das ist heute nicht anders als damals.

Mag sogar sein, dass die Fans die Lobgesänge auf Sammer gar nicht nachvollziehen konnten. Natürlich schätzten sie ihn als passablen Kicker, dem die Kugel vielleicht auch besser gehorchte als manchem anderen. Aber die Lobeshymnen von Trainern und Experten schienen zu einem »passablen Fußballer« nicht zu passen. Sie waren überschwänglich, überschlugen sich in Superlativen.

Denn für Trainer und Präsidenten war Sammer der Inbegriff des modernen Fußballers. Fachleute wie Rinus Michels, Pele oder Bobby Charlton haben ihn zum herausragenden Fußballer der Euro 96 gekürt. Dr. Niebaum, der 1986 die Führung bei Borussia Dortmund übernahm, als der Klub schon mit einem Bein in der Zweiten Liga stand, und der Dortmund bis zum Gewinn des Weltpokals führte, sagte über den Kicker im März 1998 folgendes: »Matthias Sammer ist ein Ausnahmespieler, der nicht nur sportlich, sondern auch als Persönlichkeit einen extrem großen Wert darstellt. Fußballer wie ihn findet man nicht im Kaufhaus. Auf einen wie Sammer wartet man zehn Jahre.«

Der Spiegel charakterisierte seinen Stil folgendermaßen treffend: Erst kommt bei ihm die Arbeit für die Mannschaft, dann der Hackentrick fürs Fernsehen. Ob gegenüber Trainern, Schiedsrichtern, Vereinsbossen, Mitspielern oder Journalisten – Sammer eckt an.

Die Tribünenbesucher in den Stadien kannten Sammer als Einpeitscher, als Gerechtigkeitsfanatiker, der sich mit allem und jedem anlegte und Konflikte direkt auf dem Fußballplatz austrug. Das hat ihm im Mannschaftskreis auch den despektierlichen Spitznamen »Motzki« eingebracht. Auf dem Fußballplatz war er wie ein speiender Vulkan. Aggressiv, motiviert, immer um den Erfolg bemüht. Ein Siegertyp, der Fußball lebt.

In seinem Auftreten außerhalb des Platzes war er auch schon als Spieler mehr Vor- als Querdenker und die personifizierte Vernunft. Als Dortmund seine erste Meisterschaft im Goldsaal der Westfalenhalle feierte, stürmten die Spieler nach dem offiziellen Bankett in die Disco. Nur einer blieb sitzen: Matthias Sammer. Nicht, dass er sich ausgrenzen wollte. Aber Gespräche und Diskussionen geben ihm mehr als laute Musik und heiße Rhythmen. Was zugleich auch ein Nachteil ist: Er kann Erfolge nicht ausleben, er fordert von sich noch mehr als von anderen.

Wie oft hat er sich in Dortmund mit Andreas Möller gezofft, ihn während des Spiels angebrüllt, dass selbst eingefleischte BvB-Fans eine Aversion zwischen den Stars annehmen mussten. Aber von einem Möller mit seinen herausragenden Fähigkeiten verlangte ein Sammer eben mehr, wenn der mal wieder nach einem Ballverlust den Rückwärtsgang vergessen hatte. »Der denkt schon wie ein Trainer«, hat Ottmar Hitzfeld mal gesagt. Daraus klingt Verwunderung und Respekt zugleich. Privat waren Möller und Sammer zu der Zeit sogar befreundet. Die Familien trafen sich zum Grillabend genauso wie zum Kaffeeklatsch. Sammer ist nicht nachtragend. Die Wutausbrüche bleiben auf die Situation beschränkt und sind anschließend vergessen. »Manchmal«, hat er gesagt, »erschrecke ich vor mir selbst, wenn ich mich im Fernsehen sehe.«

Matthias Sammer ist ein Kopf- und kein Bauchmensch. Er beschäftigt sich mit seinem Beruf wie kaum ein anderer. »Wir haben Charakter gezeigt«, ist einer seiner Lieblingssätze. Mit seinem Charakter, mit seinem Erfolgswillen, mit seinem Denken hat er noch jede Mannschaft infiziert, für die er tätig war. Das ist vielleicht sein größtes Erfolgsgeheimnis, was jeder Trainer an ihm schätzt und für den Fan auf dem Rasen vielleicht zu erahnen, aber nicht zu sehen ist.

Große Fußballpersönlichkeiten spiegeln auch stets ein wenig Zeitgeist wieder. Franz Beckenbauer war es, der den Volkssport Fußball hoffähig gemacht hat – schon zu aktiven Zeiten, weil er sich nicht scheute, im Smoking aufzutreten und den Opernball in Wien oder die Festspiele in Bayreuth genauso zu seiner Bühne zu machen wie das Rasenrechteck. Später als Teamchef war er es, der mit Mercedes-Boss Werner Niefer verhandelte und den deutschen Industrie-Giganten dem Fußball zuführte. Es war das Signal für alle anderen, dass sich der Fußball zu einem imposanten Schauplatz für Industrie-Werbung eignet. Fußball wurde so zu einer anerkannten Werbeplattform für jede Art von Industrie.

Lothar Matthäus, dafür oft genug gescholten, ist ein Produkt der neuen Medienwelt, die er beherrscht wie kein Zweiter. Als er seine größten Erfolge bei Inter Mailand feierte, wurde über Italien fast ebenso viel berichtet wie über München. Mailand wurde nahezu eingedeutscht.

Und auch Matthias Sammer hat dem Fußball seinen Stempel aufgedrückt. Er ist das sportlich perfekte Beispiel für die gelungene Wiedervereinigung des so lange geteilten Deutschland. Der sächsische Ministerpräsident Kurt Biedenkopf (CDU) schrieb deshalb in sein Glückwunschtelegramm, das er 1995 an Matthias Sammer in Herdecke anlässlich der ersten Wahl zu Deutschlands Fußballer des Jahres adressierte: »Mit besonderer Freude erfüllt mich, dass Sie der erste Fußballer nicht nur aus Sachsen, sondern aus den neuen Bundesländern überhaupt sind, dem diese Auszeichnung zuteil wird.«

So viel Ehre schien Sammer sichtlich peinlich: »Es widerstrebt meinem Naturell«, so seine Antwort auf die Laudatio, die anlässlich eines Länderspiels in Leverkusen im feudalen Casino des Bayer-Werkes abgehalten wurde, »dermaßen herausgestellt zu werden. Schließlich weiß ich, dass so eine individuelle Ehrung nur auf der Basis einer starken Mannschaft, eines starken Präsidiums und eines sehr guten Trainers möglich ist.«

Matthias Sammer ist auch – vielleicht vor allem – die Antwort auf die Generation der Wohlstandsjünglinge, die Berti Vogts nach seinem Antritt als Bundestrainer Anfang der neunziger Jahre an den Pranger stellte. Denn durch die Millionen, die dem Fußball durch lukrative Fernsehverträge und ebenso lukrative Vermarktungsmöglichkeiten zugeführt wurden, schien der Sport seine Basis zu verlieren. 18-jährige Talente wurden mit Millionen-Verträgen geködert – Auswüchse des Konkurrenzkampfes innerhalb der Bundesliga und Zeichen von Missmanagement der Vereine. Die Jungstars rückten von heute auf morgen dermaßen in den Blickpunkt, dass sie sich unbewusst die Frage stellen mussten: Warum soll ich mich noch quälen, wenn ich auch so schon die Millionen auf dem Konto habe? Der soziale Aufstieg war schon mit der Unterschrift gelungen, der eigentlich die Leistung folgen sollte. Doch der Leistungsnachweis wurde gar nicht erst erbracht. Was machte es schon für einen Unterschied, ob am Ende der Saison 600 000 oder 800 000 Mark auf dem Konto lagen? Die Erfolgsprämien hatten ihren Motivationsreiz verloren.

Den Beweis für diesen Zeitgeist lieferte vor allem Deutschlands Vorzeige-Klub Bayern München, der sich den Beinamen »FC Hollywood« einhandelte. Die Schlagzeilen bestimmte nicht mehr der Fußballsport, sondern die Show. Disco-Besuche und Tritte in Werbetonnen wurden größer gehandelt als spektakuläre sportliche Erfolge.

Ausgerechnet in diese Zeit platzte der Fußballer Matthias Sammer, mit seiner Ernsthaftigkeit genau das Gegenteil der jungen Filou-Generation. Und weil er so großen Erfolg hatte, weil er Titel hamsterte wie kein anderer, verschaffte er sich Akzeptanz und Gehör. »Zu einer Führungsperson«, hat er selbst mal gesagt, »wird man nicht ernannt, die muss man sich auf dem Platz erkämpfen.« So ist er zum Vorzeige-Fußballer und Meinungsführer geworden. Und so ist er hauptverantwortlich für den Stimmungsumschwung in der Leistungsgesellschaft Bundesliga.

Er holte mit Dortmund die Titel, nicht Bayern München und seine Stars. Und so vergrößerte sich auch sein Einfluss auf die Nationalmannschaft, zumal ihn mit Stefan Reuter und Steffen Freund zwei Gleichgesinnte unterstützten. Einer seiner Standardsätze lautet: »Man muss sich alles im Leben erarbeiten. Durch Leistung und Auftreten.« Oder: »Einzelschicksale sind unwichtig, weil Fußball ein Mannschaftssport ist.«

Natürlich zählt auch Sammer zu den Spitzenverdienern und ist ein Fußball-Millionär. Natürlich fährt auch Sammer Autos der Stuttgarter Nobelmarke. Aber er stellt den Fußball in den Mittelpunkt und nicht die Show, belässt die Luxusgüter als das, was sie sind: angenehme Begleiterscheinungen.

Deshalb ist es viel mehr die Persönlichkeit, die den Fußball prägt, als die Spielkunst. Deshalb ist es auch egal, welche Position er spielt. Sammer begann seine Karriere in Dresden als Stürmer. Er rückte ins Mittelfeld und zog von hier aus in Stuttgart, in Mailand und auch noch anfangs in Dortmund die Fäden. Bis ihn Ottmar Hitzfeld zum Libero machte und er dem Trikot mit der Nummer 6 eine neue Identität verlieh.

Schon als er 22 Jahre alt war, gleich nach seinem Wechsel von Dresden nach Stuttgart, erkannte VfB-Manager Dieter Hoeneß: »Das ist eine absolute Führungsperson.« Später erzählte Sammer mal diese Geschichte. Es war beim FC St. Pauli. Der VfB lag zur Pause 0:2 zurück, man fühlte sich vom Schiedsrichter verschaukelt. Sammer war schneller als der Trainer bei der Pausentee-Predigt: »Ich war auf 180, war richtig geladen. Ich habe in der Kabine losgelegt: Jetzt passt mal auf, jetzt geht´s aber zur Sache! Wir zeigen´s allen, auch diesem Armleuchter mit der Pfeife. Wir zeigen, wer wir sind, wir lassen uns hier nicht abservieren.« Eine Rede, die die Mitspieler aufrüttelte und bei der Ehre packte. Am Ende hieß es 2:2, der VfB hatte die drohende Niederlage abgewendet.

Er hält es, vermutlich unbewusst, wie Franz Beckenbauer. Auch der »Kaiser« hebt nach Siegen schon mal lautstark den erhobenen Zeigefinger, ist aber nach Niederlagen lammfromm. Schon legendär ist Beckenbauers Fernsehauftritt, als Bayern München in der Ära von Otto Rehhagel zwar beim FC St. Pauli 1:0 gewann, aber eine desolate Vorstellung bot: »Schülermannschaft«, wetterte der Präsident. Das war noch eine seiner harmloseren Formulierungen. Wenn der Kaiser wütend wird, wackeln die Wände. Aber er will das als konstruktive Kritik verstanden wissen. Er will vorzeitig auf Fehler hinweisen, bevor sie negative Folgen haben. Auch Matthias Sammer wirkt stets unzufrieden, kritisiert und fordert.

Im Erfolg werden nun einmal die größten Fehler gemacht. Auch wenn Sammers Satz »Wir haben noch gar nichts erreicht« bei Mitspielern schon Unbehagen hervorrief, war es nicht mehr als der warnende Zeigefinger und die Einforderung von Leistung.

Nach oben kommen ist schwer, oben bleiben viel schwerer. Wo Sammer ist, da ist oben: Meister und Pokalsieger mit Dresden, Meister mit Stuttgart, zweimal mit Dortmund, Champions-League-Gewinner, Weltpokalsieger, Europameister. Er sammelte Titel wie kaum ein anderer – und das mit drei verschiedenen Vereinen: Dresden, Stuttgart, Dortmund.

Die DDR-Vita hat ihn weit mehr geprägt, als er es sich selbst je eingestehen würde. Im Hause Sammer war Fußball stets Thema Nummer eins. Sein Vater, liebevoll »der Lange« genannt, hatte sich selbst als Fußballer, sogar Nationalspieler, einen Namen gemacht. Und nach Hause kamen sie alle, erst Kreische oder Wätzlich, später Trautmann oder Dörner. Und dann lag Klein-Matthias unter dem Tisch und hörte fasziniert zu, wie da über Fußball diskutiert wurde.

So erklärt sich auch seine besondere Beziehung zu »adidas«. Produkte der Firma aus Herzogenaurach galten in der DDR als Statussymbole. Nicht nur deshalb, weil es sie nicht zu kaufen gab. Sie beinhalteten Qualität und Erfolg gleichermaßen. Die ersten Treter mit den drei Streifen hatte er sich im Ungarn-Urlaub bei einem Franzosen eingetauscht. Das war für ihn wie Ostern und Weihnachten an einem Tag.

Deshalb entwickelte sich zwischen Sammer und »adidas« eine ganz besondere Verbindung. Mit Wissen von Borussia unterschrieb er am 20. Dezember 1994 einen Drei-Jahres-Vertrag mit »adidas«, obwohl sich sein Arbeitgeber an den US-Rivalen »Nike« verpflichtet hatte. Offiziell hieß es: Als Nationalspieler und in seiner Freizeit werde er die drei Streifen repräsentieren, bei Auftritten für die Borussia natürlich den Verpflichtungen seines Arbeitgebers nachkommen.

Um nicht zu provozieren, überklebte er – ebenfalls mit Wissen seines Arbeitgebers – die drei Streifen auf seinen Schuhen mit dem Logo der Konkurrenzfirma. Was in der Branche durchaus üblich ist: Längst ist nicht immer drin, was auch drauf steht.

Als er drei Monate später, am 22. Februar 1995, seinen Vertrag mit der Borussia verlängerte, wurde auch der Schuhvertrag zum Thema. Und ihm wurde signalisiert: »Wir werden eine Lösung finden.« Aber ein Jahr später erklärte »Nike« öffentlich den Schuhkrieg. Rolf Dohmen, damals Marketingdirektor von »Nike«: »Ab jetzt heißt es: Entweder spielt Sammer in unseren Schuhen, oder Dortmund muss eine saftige Vertragsstrafe zahlen.« In den USA wurde eigens ein Schuh für ihn entwickelt, um die Argumente fehlender Qualität vom

NIKE®

Lieber Matthias,

Sie haben Ihre NIKE-Fußballschuhe gegen andere eingetauscht?
Obwohl Sie im vergangenen Jahr öffentlich erklärt haben, daß Sie Ihren Einzel-Vertrag mit einem anderen Ausrüster zerreißen, sobald Probleme auftauchen, werden wir nicht weiter darauf bestehen. Genauso wenig, wie wir uns auf die juristischen Möglichkeiten berufen, obwohl wir dies aufgrung der Vertragslage ohne weiteres könnten.

NIKE wird seine sechsjährige Partnerschaft mit Borussia Dortmund weder durch eine Klage belasten noch einen Schuh-„Krieg" anzetteln.
In einem „Krieg" geht es um Menschenleben – in Ihrem Fall nur um ein Firmenlogo.

In unseren Schuhen ist Borussia Dortmund in der vergangenen Saison Deutscher Fußballmeister geworden, zehn Spieler der brasilianischen Fußball-Nationalmannschaft gewannen 1994 in NIKE-Schuhen die Weltmeisterschaft, 1860 München siegte im Hallen-Masters '96 – die Liste ließe sich beliebig fortsetzen.

Als Sportler verstehen wir sehr wohl, daß Schuhe für Athleten vieler Sportarten wichtig sind. Deshalb sind wir damit einverstanden, daß Sie sich für ein anderes Produkt entscheiden.

Allerdings wünschen wir uns auch, daß dies jeder Fußballer in Deutschland dürfen sollte – so wie in allen anderen Ländern auf der Welt.
Michael Stich spielt im Daviscup für Deutschland mit seinen NIKE-Schuhen.
Uta Pippig und Florian Schwarthoff werden in Atlanta für Deutschland in NIKE-Schuhen laufen.

Daher würden wir es nur für gerecht halten, wenn Andreas Möller, Lars Ricken oder Heiko Herrlich in ihren NIKE-Schuhen für Deuschland spielen dürften, um alle Voraussetzungen zu schaffen, auch in der Nationalmannschaft ihre optimale Leistung zu bringen.

Wir wissen, daß Sie dies nicht entscheiden können.

Aber wir hoffen, daß der DFB diesen Brief auch liest –
und in Zukunft „Gleiches Recht für alle" gelten läßt.

JUST DO IT.
Das NIKE-Team

Tisch zu wischen. »Nike« provozierte vor allem deshalb, weil Dortmunds Erfolge immer mehr mit dem Namen Sammer verbunden wurden, ohne dass der US-Riese für seine fünf Millionen Mark im Jahr mit dem Namen Sammer hätte werben können.

Er tat dies doch noch. In einem Offenen Brief (siehe Seite 21), der in allen einschlägigen Zeitungen und Zeitschriften als Anzeige erschien und (»Just do it«) gleiches Recht für alle beanspruchte.

Doch Sammer blieb stur – und sich treu. Nicht deshalb, weil der Feuerkopf von seinem Vertragspartner dafür bezahlt wurde. In einer Zeit, wo Siege oder Niederlagen gleich in Mark und Pfennig aufgerechnet werden, gibt es auch im Big Business Fußball Gefühle. Und für ihn sind die drei Streifen noch immer eine Herzenssache. Auch deshalb ließ er es mit sich geschehen, dass sein Vertragspartner professionell in London am Schreibtisch einen Spitznamen entwickelte, der zu seinem Markenzeichen wurde.

Die Nachtsitzung

SCHAUPLATZ: SPORTHOTEL FUCHSBACHTAL
IN BARSINGHAUSEN
DATUM: 8. OKTOBER 1997

Das Zimmer ist keine Luxussuite. 30 Quadratmeter groß, ein Doppelbett in der Mitte, ein Kleiderschrank, ein Schreibtisch, ein Regal – alles in Eiche hell gehalten. Dazu ein TV-Gerät, Telefon, ein Sessel, ein Couchtisch. So sehen sie alle aus, die Räume im Sporthotel Fuchsbachtal.

Sammer hat Zimmer 217, schleicht mit hängendem Kopf durch die langen Gänge der Sportschule, legt sich dann auf das breite Doppelbett und starrt an die weiße Decke. Es ist kurz vor Mitternacht. Gerade hat der Arzt der Nationalmannschaft, Dr. Hans-Wilhelm Müller-Wohlfahrt, mit seinen Händen das linke Knie abgetastet und die niederschmetternde Diagnose gestellt: »Neue Operation.« Immer wieder kreisen seine Gedanken um diese zwei Worte, die ihn wie ein Hammerschlag getroffen haben und doch nicht unvorbereitet. Worte, die er verarbeiten muss. Als er da so auf seinem Bett liegt, ist ihm klar: Das ist das Ende. Aus, Schluss, nie wieder Fußball.

Immer wieder hatte er sich auf der Fahrt, auf den 200 Kilometern von Dortmund nach Hannover, gesagt: »Wenn der Doc mir zu verstehen gibt, dass ich wieder unters Messer muss, höre ich sofort auf, lasse mich nicht noch mal operieren.«

Und jetzt kamen die zwei befürchteten Worte: Neue Operation! Sammer fühlt sich wie benebelt. »Als wenn ich sieben Gläser Rotwein getrunken hätte.« Er blickt ins Leere wie in eine Sackgasse. Da klopft es an der Tür. Es ist Berti Vogts, der Bundestrainer. Die medizinische Abteilung des DFB hatte ihn sofort vom Sammer-Schock unterrichtet. Nicht nur, dass nun die Vorbereitung auf das WM-Qualifikationsspiel gegen Albanien ohne Sammer stattfinden muss. Damit ist auch Vogts klar: Es geht um eine große Karriere, es geht um den Fußballspieler Matthias Sammer. Und es geht um den Menschen Sammer, der Vogts ans Herz gewachsen ist.

Vogts nimmt in dem Sessel Platz, der neben dem kleinen Couchtisch steht. Noch bevor er seinen Trost und Zuspruch formulieren kann, klopft es erneut. Diesmal erscheint Jürgen Kohler, Sammers Dortmunder Mannschaftskollege. Er setzt sich auf die Bettkante.

Nein, es sind keine Luxussuiten, es gibt noch nicht einmal zwei Sitzgelegenheiten, so dass für Kohler nur der Platz auf der Bettkante bleibt. Es ist eben kein Feudal-Hotel, sondern gehört zur Sportschule des Niedersächsischen Fußball-Verbandes. Hier bereitet sich der DFB stets auf Länderspiele vor, wenn in Hannover gespielt wird. Drei Tage später wird das Spiel gegen Albanien angepfiffen. Ein Sieg noch, dann hat sich die deutsche Elf, der amtierende Europameister, der dreifache Weltmeister, auch für die WM in Frankreich qualifiziert.

Das Spiel, das jetzt ohne den Libero und Leitwolf Matthias Sammer ausgetragen werden muss. Passiert war es im Zweikampf mit dem Bielefelder Stefan Kuntz. Ausgerechnet mit dem Stürmer, mit dem er gemeinsam Europameister geworden war. Es war kein Foul, schon gar keine Absicht, sondern ein ganz normaler Zweikampf, ein Laufduell, nachdem er wieder diesen Dauerschmerz im linken Knie verspürte. »Manche«, so Sammer, »halten mich für einen Hypochonder, der nur noch in seinen Körper hineinhorcht und Verletzungen spürt, die gar nicht da sind. Aber das stimmt nicht. Ich habe mich in meinen Diagnosen noch nie geirrt. Und auch jetzt wusste ich sofort: Da ist wieder was kaputt.«

Die medizinische Zustandsbeschreibung von »Mull« (so der Spitzname des Münchner Arztes): »Ein Problem an der äußeren Gelenkspalte. Entweder ist wieder der Außenmeniskus beschädigt oder erneut ein Stück Knorpel abgesprungen. Das kann nur eine Artroskopie klären.« Diese Kniespiegelung ist ein operativer Eingriff. Und deshalb sagt alles in ihm: Nein, nein, nein!

Ganz behutsam gehen Kohler und Vogts daran, den verzweifelten Sammer umzustimmen. »Du darfst nicht alles wegwerfen, Du musst es noch einmal versuchen.« »Später wirst Du Dir Vorwürfe machen, wenn du jetzt nicht alle Möglichkeiten auslotest. Lass Dir Zeit, Du musst jede Chance nutzen, die sich Dir bietet.« Stundenlang reden sie, diskutieren, versuchen, Sammers Gedanken positiv zu beeinflussen. Als sich Vogts und Kohler endlich aus seinem Zimmer verabschieden, haben sie ihm ein Versprechen abgerungen: »Okay, ich werde es noch einmal versuchen.«

Diese Nachtsitzung von Barsinghausen ist eine Schlüsselszene in der langen Krankengeschichte des Matthias S. Am nächsten Tag stellt er sich der versammelten deutschen Sportpresse, schwingt sich in der großen Sporthalle der Sportschule auf das eigens aufgebaute Podium und sagt in die unzähligen Mikrofone: »In zehn oder vierzehn Tagen weiß ich mehr.« Das klingt so, als könne er in drei Wochen wieder Fußball spielen. Die Worte von Vogts sind ähnlich harmlos formuliert: »Die Tür zur WM bleibt für ihn ganz, ganz lange offen.« Ein Satz, den der Bundestrainer noch Monate später immer wieder wiederholen sollte.

Keiner ahnt in diesem Moment die Dramatik, die Bedeutung der Situation. Keiner weiß, wie es wirklich um Sammer und sein Knie bestellt ist. Natürlich, Sammer und Vogts sind sich der Tragweite bewusst. Sie wissen, dass der Knorpel hin ist. Dass das linke Knie dermaßen geschädigt ist, dass eine Heilung nahezu ausgeschlossen scheint. Klaus Eder, der DFB-Physiotherapeut, der Sammers Knie, seine Sehnen und Muskeln besser kennt als jeder andere, sagt es so: »Es ist wie bei einem Teppich. Der für 40 000 Mark ist einfach besser als der für 4000 Mark. Und bei Sammer ist es wie bei einem Teppich für 4000.« Der Knorpel im linken Knie – er ist einfach weniger belastungsfähig als bei anderen.

Thomas Häßler kommt vorbei, als Sammer in der Empfangshalle der Sportschule ein Interview gibt, legt ihm schweigend den Arm um die Schulter. Alle Mitspieler spüren, dass sich hier ein Drama abspielt und ihr vielleicht bester Fußballer, ihr Leitwolf, sich für lange Zeit, vielleicht für immer aus ihrem Kreis verabschieden wird.

Das Telefon klingelt. Am Apparat ist DFB-Präsident Egidius Braun. Auch er ist informiert worden, auch er reagiert besorgt und mitfühlend. Braun verspricht: »Du kommst mit zur WM. Wenn nicht als Spieler, dann eben so. Wir werden Dir beim DFB helfen, auch später.« Balsam auf die Wunden eines Fußballers: ein Job-Angebot für die Zeit danach von höchster Stelle.

Immer wieder das linke Knie.

Jetzt steht die vierte Operation bevor. Der erste Eingriff wurde vorgenommen, als er gerade mal fünfzehn Jahre alt war. Eine harmlose Meniskus-Geschichte. Aber die Ärzte wollten erst nicht operieren. Er quälte sich weiter. Dann kam doch das Messer – zu spät? Sammer sagte mal: »Vielleicht liegen hier die Gründe. Aber ich weiß es nicht, ich will niemanden verurteilen, ich kann nichts beweisen.«

Auch diese Frage wird jetzt diskutiert: Wurde Sammer in der Jugend kaputt trainiert?

Da sind viele ungeklärte Fragen. Sogar sein Vertrauensarzt Dr. Müller-Wohlfahrt fragte mal nach, ob in der Jugend gedopt wurde. Sammers Antwort: »Ich kann es mir wirklich nicht vorstellen. Aber ich weiß es nicht.«

Fakt ist, dass die DDR-Jugend härter ran musste. Mit sechzehn Jahren täglich 240 Minuten Training. In der KJS, der Kinder- und Jugendsportschule, gab es drei Trainingseinheiten pro Tag. Dazu nur Schlackeplätze, die Gelenke, Knochen, Muskeln und Sehnen zusätzlich strapazierten. Möglich, dass er dem knallharten Jugendtraining nun Tribut zollen muss.

Manfred Schmerbach, inzwischen 69 Jahre alt und noch immer für Dynamo Dresden im Einsatz, war sein erster Jugendtrainer. Er sagt es so: »Wir haben auf Hartplätzen, mal auf roter, mal auf schwarzer Schlacke trainiert. Natürlich belastet das die Gelenke mehr als Training auf Rasenplätzen. Und Matthias hat sich schon damals mehr reingehängt, als er musste.«

Eduard Geyer (56), der letzte DDR-Auswahltrainer, hatte Sammer mit siebzehn Jahren unter seinen Fittichen. »Wir haben mehr reingehauen als die Männer, länger trainiert. Jeden Tag ging es zweimal zur Sache, jeweils 90 bis 120 Minuten lang.« Trotzdem glaubt er auch heute nicht, dass das Training von damals verantwortlich ist für Sammers Gesundheitszustand von heute. Genauso wenig wie Vater Klaus, der ihn schon mit 17 in der Oberliga einsetzte: »Egal, was heute behauptet wird: Dresden war eine gute Schule.«

Mag sein. Genauso möglich, dass die Vielzahl der Verletzungen einfach nur in die Kategorie Pech einzuordnen sind.

Die Fachzeitung *Kicker* listete seine Leidensgeschichte wie folgt auf und errechnete dabei sogar eine Verletzungsquote:

Saison 90/91: In 30 von 34 Spielen eingesetzt, zweimal gesperrt, zweimal verletzt (5,8 %). Erst eine Verhärtung der rechten Wade, dann ein Muskelfaserriss in der Wade.

Saison 91/92: In 33 von 38 Bundesligaspielen dabei. In vier Spielen wegen Verletzung gefehlt (10,52 %): wegen eines Muskelfaserrisses in der Wade, eines Kapselrisses im Knöchel und einer Adduktoren-Zerrung.

Saison 92/93: Hier kam er in der Winterpause aus Mailand zurück, spielte alle siebzehn Spiele durch und schoss sogar zehn Tore!

Saison 93/94: 29 Bundesligaeinsätze, zweimal gesperrt, drei Spiele verletzt (8,8 %). Zweimal wegen Erkältung, einmal wegen Magenverstimmung.

Saison 94/95: 28 Bundesligaeinsätze, fünf Spiele verletzt (14,7 %). Muskelfaserriss, Bluterguss in der Wade, Nebenhöhlenvereiterung. So verpasste er auch die Länderspiele in Georgien und gegen Wales.

Saison 95/96: Nur 22 Bundesligaeinsätze, zehn Spiele

verletzt (29,4 %): Innenbanddehnung, Bronchitis, Bluterguss im Oberschenkel, Muskelfaserriss in der Wade, Muskelverhärtung. So verpasste er insgesamt 5 Länderspiele (Belgien, Georgien, Südafrika, Dänemark, Nordirland).
Saison 96/97: Nur noch sechzehn Bundesligaeinsätze (50 %), dazu fehlte er in den vier Länderspielen gegen Polen, Armenien, Nordirland und die Ukraine. Bereits im August die Meniskusoperation, danach ein Muskelbündelriss, eine Muskelquetschung in der Wade und ein Muskelfaserriss im Adduktoren-Bereich.
Saison 97/98: Schon am ersten Spieltag ist es passiert. Dann noch vier Einsätze unter Trainer Nevio Scala und das letzte Spiel in Bielefeld.

Gleich nach der EM, nach dem Saisonauftakt mit dem 3:4-Pokal-K.o. des amtierenden Meisters bei der SG Wattenscheid 09, folgte der zweite Eingriff am linken Knie, eine heute schon routinemäßig vorgenommene Operation am Innenmeniskus. Bereits vier Wochen später konnte er wieder auflaufen. Sammer ließ sich von Dr. Jürgen Eichhorn und Dr. Michael Strobel in Straubing operieren. Klaus Eder, der DFB-Physiotherapeut, der in Donaustauf die Klinik »Eden Reha« betreibt, hatte sie ihm empfohlen. Und weil Sammer mit Klaus Eder befreundet ist, ihm und seinen medizinischen Kenntnissen blind vertraut, legte er sich in Straubing auf den Operationstisch.

Die dritte Operation fast auf den Tag genau ein Jahr später. Wieder war es der Meniskus, wieder das linke Knie. Es passierte zum Saisonauftakt im ausverkauften Berliner Olympiastadion. Der Champions-League-Gewinner musste beim Neuling Hertha BSC antreten.

Eine Halbzeit spielte Borussia, erstmals unter dem neuen Trainer Nevio Scala, hervorragend und führte mit Sammer 1:0. Dann blieb der Libero in der Kabine – das Spiel endete 1:1.

Der Außenmeniskus war eingerissen, ein neuerlicher Eingriff unerlässlich. Auch diesmal begab sich Sammer in die Hände des Straubinger Chirurgen-Duos Dr. Eichhorn/Dr. Strobel. Dreißig Minuten dauerte der Eingriff, der eingerissene Außenmeniskus wurde entfernt. Dr. Eichhorn in *Bild*: »Nähen macht bei Profis um die 30 keinen Sinn mehr.« Und der Mediziner fügte den viel sagenden Satz hinzu: »Diesmal ist die Verletzung viel komplizierter.«

Der Meniskus ließ sich entweder entfernen oder wieder zusammenflicken. Aber ein Knorpelschaden ist irreparabel. Und der Knorpel war erneut in Mitleidenschaft gezogen worden.

Doch Sammer gibt nicht auf, quält sich durch das Aufbautraining bei Klaus Eder. Und er schafft das Comeback bereits im September, steht im Pokalspiel bei der SpVgg Fürth wieder seinen Mann. Nevio Scala mutet ihm und seinem lädierten Knie vier Spiele in zehn Tagen zu mit Pokal, Bundesliga und Champions League. Er gewährt ihm keine langsame Eingewöhnung, sondern fordert Leistung. Im vierten Spiel bei Arminia Bielefeld macht das Knie nicht mehr mit. Nach dem Zweikampf mit Stefan Kuntz ahnt er bereits, was Dr. Müller-Wohlfahrt wenige Tage später in der Sportschule Barsinghausen diagnostizieren wird. Deshalb hat er es auch nicht eilig und fliegt nicht sofort nach München. Er will sich nicht noch einmal operieren lassen. Die Aussichten auf neue Qualen, neue Schmerzen – Sammer blickt perspektivlos in die Zukunft, bevor ihn Berti Vogts und Jürgen Kohler in der Nachtsitzung von Barsinghausen doch noch einmal zu einem neuen Eingriff überreden können.

Matthias Sammer – er ist wahrlich kein Glückspilz, ihm blieb fast nichts erspart. Eine rätselhafte Virusinfektion legte ihn im Frühjahr 1995 auf Eis. So fehlte er beim Trainingslager auf den Bahamas und in La Manga/Spanien. Seine Tochter Sarah hatte die Krankheit nach einer Woche auskuriert, er nicht. Er ließ sich bei Internisten durchchecken, in Stuttgart sogar eine Darmspiegelung machen und die Blutwerte ermitteln, um dem Virus auf die Spur zu kommen. Aber Übelkeit und Durchfall blieben trotz Diät und schwächten ihn wochenlang.

Im April 1995 sagte er auch das Länderspiel gegen Wales ab – diesmal aus Angst vor Doping. Weil die Antibiotika, die er wegen einer Kiefernhöhlenvereiterung einnehmen musste, von keinem Sportarzt, sondern von den Städtischen Kliniken in Dortmund verschrieben worden waren. Unklar blieb, ob die Mittel für den Sport verbotene Substanzen enthielten, die auf der Doping-Liste stehen. DFB-Internist Wilfried Kindermann, früher selbst Hochleistungssportler und 400-Meter-Läufer, konnte die Analyse nicht mehr vornehmen, weil Sammer absagte: »Ich fühle mich zu müde, zu schlapp.«

Höhepunkt in Sammers Krankengeschichte war der Ärztestreit im Oktober 1996. Da diagnostizierte Dortmunds Vereinsarzt Dr. Achim Büscher nach dem Spiel gegen den VfB Stuttgart einen Bluterguss im Oberschenkel. Sammer hielt eine Woche später beim 1:5 in

Mönchengladbach 75 Minuten lang durch, ließ sich dann auswechseln und meldete sich zwei Tage später bei Trainer Ottmar Hitzfeld für das Spiel der Champions League in Bukarest ab. »Trainer, es geht nicht, ich fahre nach München.« Dort ließ er sich bei Dr. Müller-Wohlfahrt, der wohl anerkanntesten Kapazität unter Deutschlands Sportärzten, untersuchen. Der Bayern-Arzt erkannte unzweifelhaft einen Muskelbündelriss. Dieses Ergebnis brachte Dr. Büscher dermaßen auf die Palme, dass er den Ärztestreit öffentlich machte. Büscher: »Seine Diagnose kann nicht stimmen. Sonst hätte Sammer in Gladbach nicht 75 Minuten lang durchhalten können. Das wäre ein medizinisches Wunder.« Mehr noch. Er nutzte den Fall Sammer als Plattform der Eitelkeiten und diffamierte seinen Münchner Kollegen auch noch persönlich. Büscher: »Ich rede nicht mehr mit Dr. Müller-Wohlfahrt. Er schwebt jetzt in Sphären, wo er nur darauf aus ist, als bester Mediziner in Deutschland zu erscheinen.«

Pikant war der Ärztestreit auch deshalb, weil sich Borussia Dortmund und Bayern München gerade einen erbitterten Zweikampf um die Deutsche Meisterschaft lieferten und nun die beiden Vereinsärzte öffentlich aufeinander prallten.

Dermaßen attackiert, fühlte sich Dr. Müller-Wohlfahrt veranlasst, ebenso ungewöhnliche Wege einzuschlagen. Er veröffentlichte das Ultraschallbild der Sammer-Verletzung im Internet und verwies auf einen schwarzen Fleck, der sich selbst für die Augen von medizinischen Laien ausmachen ließ: Vier Zentimeter groß lieferte es den Beweis für den Bündelriss.

Dr. Achim Büscher trat daraufhin von seinem Amt

Matthias Sammer, der Champion: Am 28. Mai 1997 triumphiert er in München mit Borussia Dortmund – 3 : 1 über Juventus Turin.

Matthias Sammer – in England ganz oben: Mit seinem Freund, Torwart Andy Köpke, und mit dem EM-Pokal neben Bierhoff, der von der Queen die Glückwünsche entgegennimmt.

euro96

Der Meistertriumph mit Dortmund: Sammer zeigt stolz die »hässlichste Salatschüssel der Welt« zusammen mit Steffen Freund.

Die größte persönliche
Auszeichung: Europas
Fußballer des Jahres 1996

Meister I – 1995: Nach einem 2 : 0-Erfolg über den Hamburger SV gelingt am letzten Spieltag der große Coup.

Meister II – 1996: Der BvB wiederholt unter Trainer Ottmar Hitzfeld den Meistercoup. Und Sammer zeigt die Schale am Rathausbalkon.

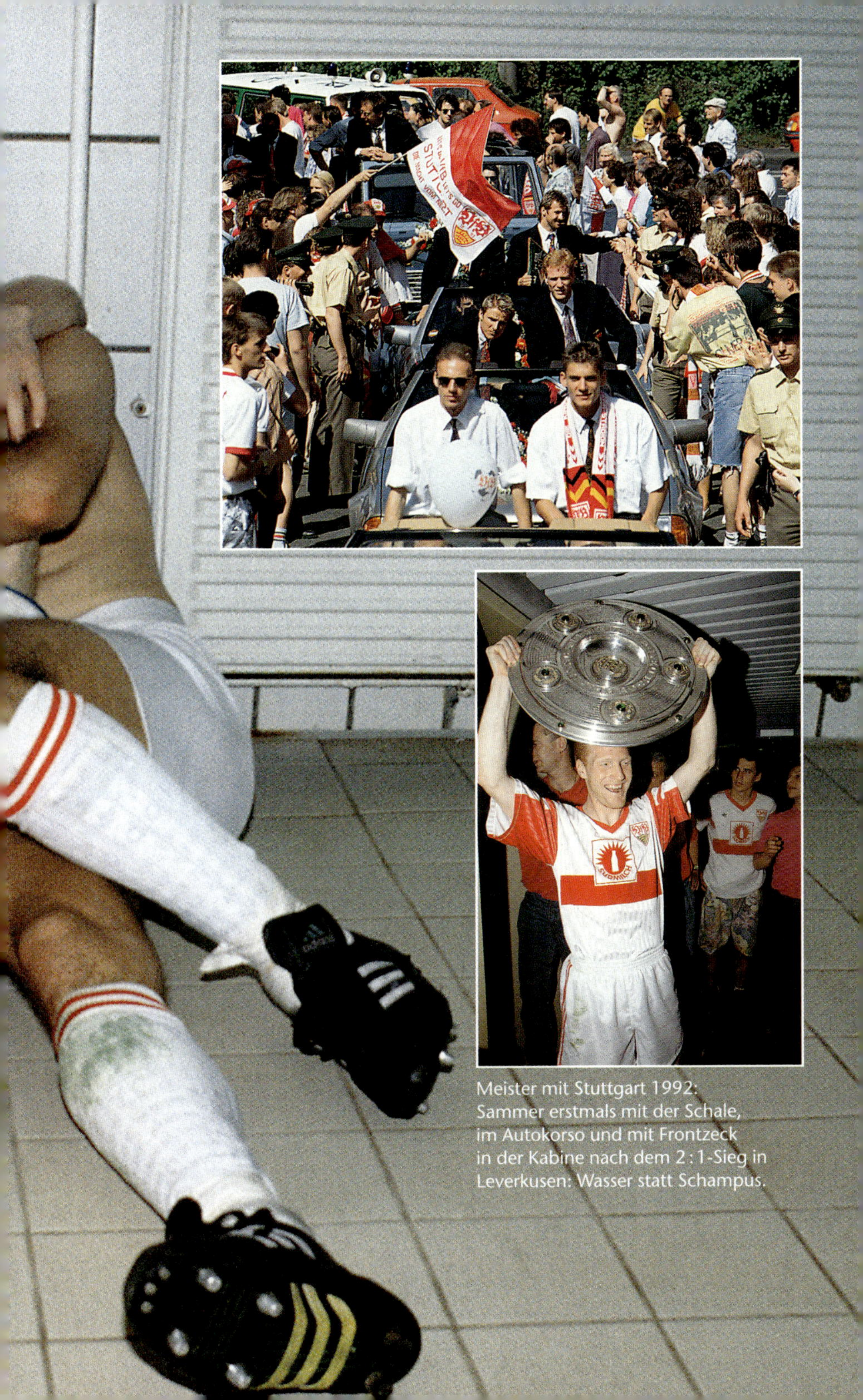

Meister mit Stuttgart 1992:
Sammer erstmals mit der Schale,
im Autokorso und mit Frontzeck
in der Kabine nach dem 2:1-Sieg in
Leverkusen: Wasser statt Schampus.

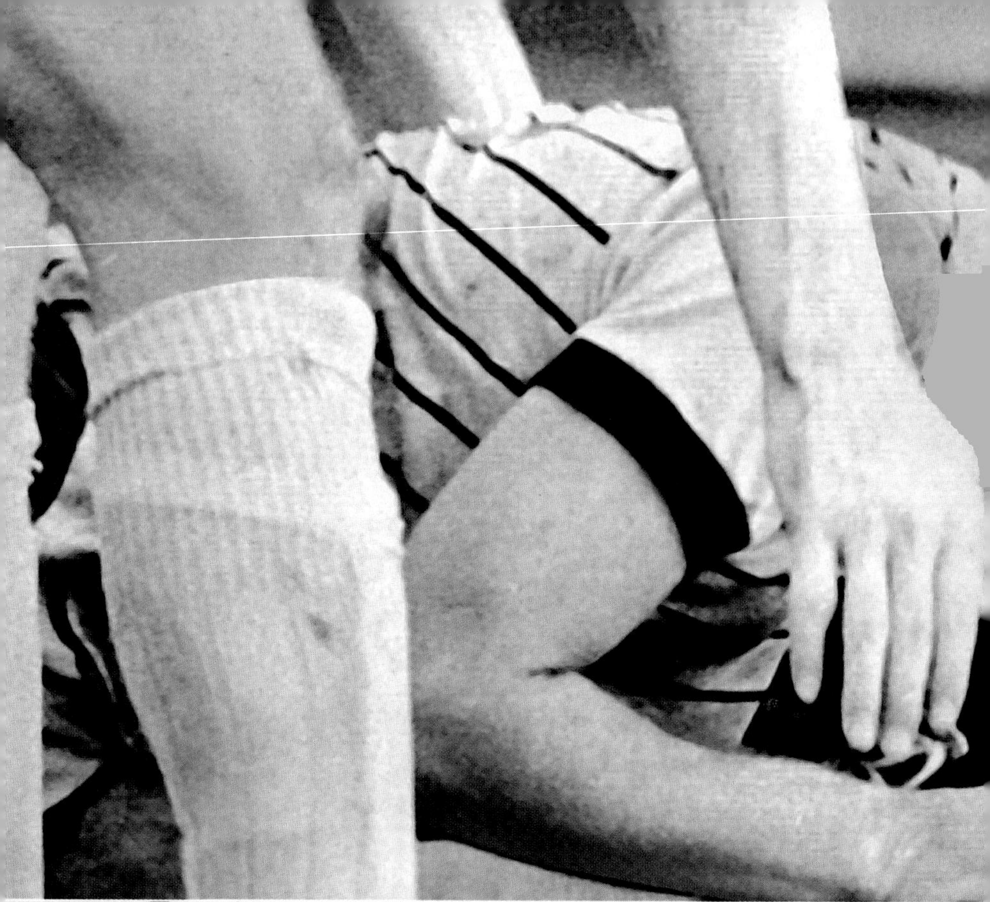

Gemeinsam in Dresden: Ulf Kirsten (oben) und Matthias Sammer (unten) bejubeln Meisterschaft und Pokalsieg 1989.

Sie grüßen als DDR-Meister: v. r. Pilz, Trautmann, Minge, Döschner, Lieberam, links Torwart Jakubowski, 5. v. l. Matthias Sammer

Matthias Sammer 1983 mit der U 16 gegen Dirk Krümpelmann (später Düsseldorf).

Und mit der U 18 1986 auf dem Flughafen Berlin-Schönefeld. Da grüßt der U-18-Europameister.

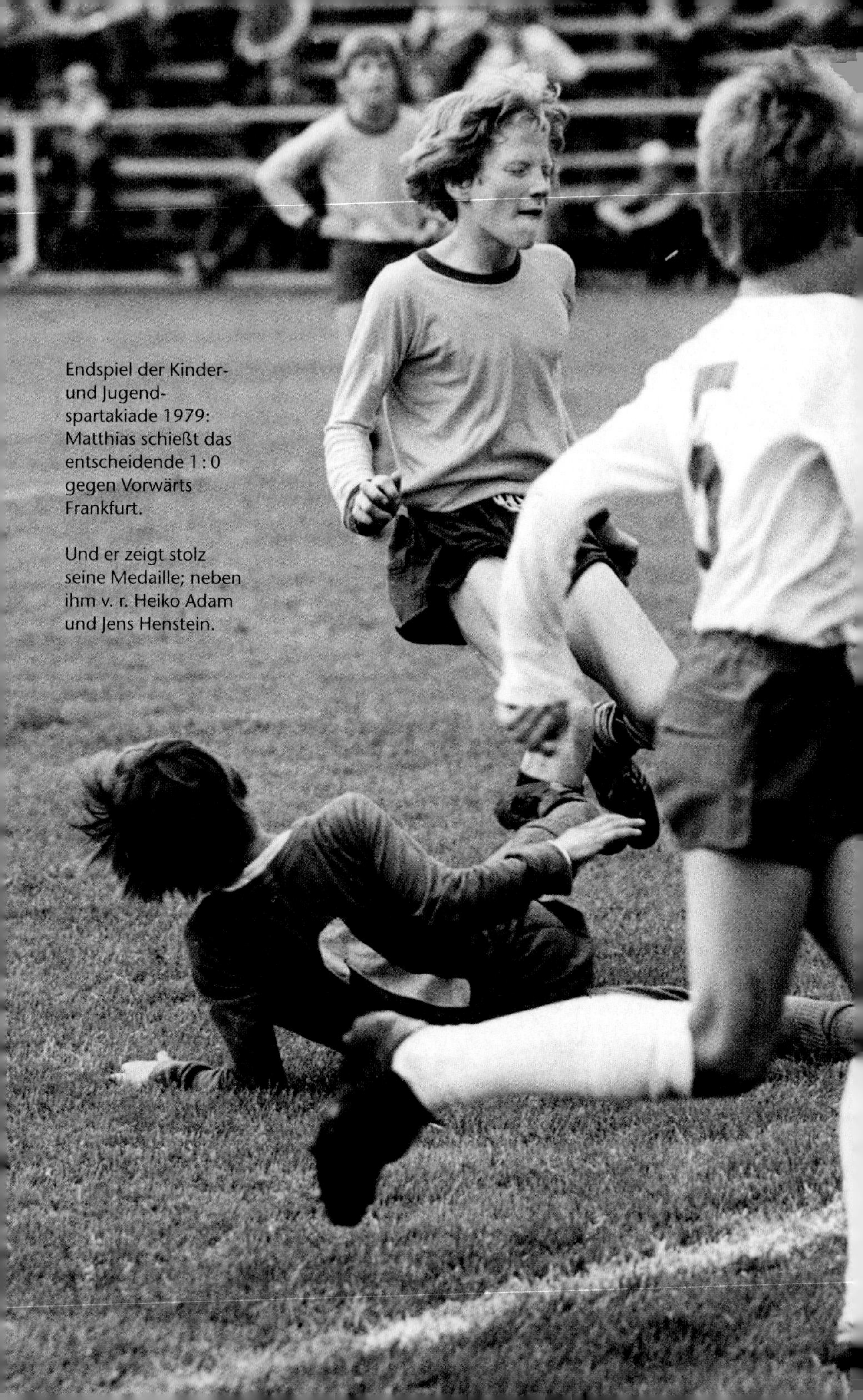

Endspiel der Kinder- und Jugendspartakiade 1979: Matthias schießt das entscheidende 1 : 0 gegen Vorwärts Frankfurt.

Und er zeigt stolz seine Medaille; neben ihm v. r. Heiko Adam und Jens Henstein.

Der Beste gewinnt!
R. Böker
Das Softwarehaus
für Banken
und Versicherungen
R. Böker
Finanz-Informations-
systeme GmbH
R. Böker
Versicherungs-
Informations-
systeme GmbH
R. Böker
R. Böker
Consulting
R. Böker
eBusiness GmbH
R. Böker
systeme GmbH
Promotion,
& Consulting
Das Softwarehaus für Banken und Versicherungen
www.rbu.

als Vereinsarzt zurück – ein weiteres Opfer der Krankengeschichte des Matthias Sammer.

Aber es war nicht Sammers letzte Erfahrung mit Medizinern. Das Versprechen, das er Berti Vogts und Jürgen Kohler in jener Nacht von Barsinghausen gab, sollte nichts mehr daran ändern: Sein letztes Spiel bestritt er am 3. Oktober 1997. Der Zweikampf mit Stefan Kuntz sollte sein letzter bleiben.

War es Ärztepfusch?

SCHAUPLATZ: MARTIN-LUTHER-KRANKENHAUS IN BERLIN
DATUM: 13. OKTOBER 1997

Die Narkose lässt langsam nach. Matthias Sammer liegt im Krankenbett des Martin-Luther-Krankenhauses im Halbschlaf. Er starrt auf sein linkes Knie und sieht den Verband. Aber er weiß noch nichts: Ist alles aus? Kann er nie mehr Fußball spielen? War es wieder der Meniskus? Oder sogar der Knorpel, der nicht mehr nachwachsen kann?

Es ist bereits Mittag. Um 9 Uhr hatte Professor Peter Hertel den vierten Eingriff an seinem linken Knie vorgenommen. Und jetzt sieht die Schwester im Aufwachraum, dass der Patient die Augen aufschlägt. »Einen Moment noch, der Professor wird gleich kommen.« Die Zweifel, die Ungewissheit, gleich ist alles vorbei. Und schon Minuten später erhält er Klarheit.

Sein Herz pocht. Er spürt es, es schmerzt viel mehr als das linke Knie. Es ist wie ein innerer Schrei der Verzweiflung. Diese Ungewissheit ist fast körperlich spürbar. Aber schon der Blick in das Gesicht des Mediziners verschafft eine erste Erleichterung. Und als er das Ergebnis der Operation erfährt, fällt ihm ein Stein vom Herzen. »Es war nicht der Meniskus, auch kein neuer Knorpelschaden. Ich habe abgelösten Knorpel und Teile der Gelenkschleimhaut abgetragen. Sie können schon morgen wieder nach Hause fahren.«

Bereits am Nachmittag kann er auf Krücken durch die Klinikgänge humpeln, am nächsten Morgen bringt ihn ein Flugzeug zurück nach Dortmund. Die Diagnose des Mediziners war die schönste Nachricht seit Wochen. Alles wird gut.

Ein trügerischer Irrtum: Heute wissen wir, dass dieser »harmlose« Eingriff die einmalige Karriere des Matthias Sammer beendet hat. Und seither stellt sich die Frage: War es Ärztepfusch, ein chirurgischer Unfall oder einfach nur Pech?

Der Reihe nach.

Als Nevio Scala in Dortmund die Nachricht von der erfolgreichen Operation vernahm, strahlte er über das ganze Gesicht: »Lasst mich doch mal träumen. Wir stehen am 20. Mai in Amsterdam im Champions-League-Finale und Sammer ist unser Libero.«

Geradezu euphorisch reagierten alle auf die erfolgreiche Operation: Dr. Müller-Wohlfahrt, sein Leib- und Magenarzt in München, der ihn zum Kniespezialisten Peter Hertel nach Berlin überwiesen hatte. Klaus Eder, der Physiotherapeut der Nationalmannschaft, der in Donaustauf bei Regensburg eine Reha-Klinik (Eden-Reha) betreibt, in der Sammer in den letzten Jahren geradezu Stammgast war. Bundestrainer Berti Vogts in Mönchengladbach, der Sammer in der Nachtsitzung von Barsinghausen zum neuen Eingriff überredet hatte. Borussia Dortmund mit Manager Michael Meier und Präsident Dr. Gerd Niebaum, die um Sammers Gedanken wussten, die sich bereits mit dem Karriereende befasst hatten und damit, auf diese neuerliche Operation zu verzichten. Und nicht zuletzt Matthias Sammer selbst.

Schon am nächsten Tag war er wieder zu Hause in Herdecke und telefonierte mit Freunden: »Ihr könnt Euch gar nicht vorstellen, wie erleichtert ich bin. Das Schlimmste ist nicht eingetreten, ich werde weiter Fußball spielen können.« Die Stimme drohte sich sogar zu überschlagen. Und das bei einem Mann wie Matthias Sammer, der stets bedächtig ist und dem freudige Gefühlsausbrüche sonst eher fremd sind.

Die Erleichterung, ja sogar Begeisterung klang aus jedem einzelnen Wort mit. Und der Mann, der nur selten seine Gefühle auf der Zunge trägt, maß auch dem Warnsignal des Körpers zunächst keine Bedeutung bei: »Ich habe irre Schmerzen im Knie. Viel stärker als bei jeder Operation zuvor.« Er dachte an Wundschmerz. Dabei waren es längst die Bakterien, die sich in sein Knie fraßen.

Bei der Operation in Berlin muss gepfuscht worden sein. Nie hat sich der Berliner Professor, auch unter Berufung auf die ärztliche Schweigepflicht, dazu geäußert. Nie wurde das Thema öffentlich. Auch deshalb, weil Matthias Sammer nie Anschuldigungen erhob. Später, viel später, hat er mal auf eine entsprechende Frage so geantwortet: »Was hätte es mir gebracht, das Thema öffentlich zu machen. Davon wäre mein Knie auch nicht wieder heil geworden.« Selbst Dr. Müller-Wohlfahrt, vielleicht der beste Diagnostiker bei Verletzungen von Leistungssportlern auf der ganzen Welt, ignorierte den »Unfall« im Berliner Martin-Luther-Krankenhaus und schickte nur Tage später seinen nächsten Klienten erneut nach Berlin.

Die Fragen aber blieben: Wie konnten die Bakterien das Knie befallen? War das Operationsbesteck nicht steril? Wurde bei dem Eingriff selbst nicht sauber gearbeitet?

Bei der Recherche zu diesem Buch haben wir auch Professor Hertel um eine Stellungnahme gebeten. Auszüge aus einem Dokument, das aus medizinischer Sicht das Ende der Karriere des Matthias Sammer beschreibt:

»Tatsache ist, dass Herr Sammer am Tag nach der sehr kurzen Gelenkspiegelung mit Abtragung von abgelöstem Knorpel und Teilen der Gelenkschleimhaut aus der stationären Behandlung entlassen wurde und dass sich kurz darauf eine bakterielle Infektion mit Staphylokokken im Kniegelenk ausbreitete.

Das sind Bakterien, die am häufigsten Wundinfektionen nach Operationen auslösen, da sie sowohl bei Menschen (auf der Haut, in der Nase), aber auch im Krankenhaus sehr verbreitet sind. Alle Maßnahmen zur Prophylaxe einer solchen Infektion wurden auch bei Herrn Sammer angewendet, d. h. sorgsame Hautdesinfektion des operierten Beines, nachweisliche Instrumentensterilisation und steriles Arbeiten im Operationssaal in steril gefilterter Luft. Obwohl dies alles getan wurde, ist die Infektion aufgetreten, erklärbar am wahrscheinlichsten durch Verschleppung von nicht abgetöteten Hautkeimen durch die Operationsinstrumente in das Kniegelenk. Auch andere Infektionswege, wie über die Blutbahn des Patienten (z. B. bei einem Zahnabszess oder einer Nierenbeckenentzündung), sind möglich.«

Die bittere Wahrheit über das Ende einer großartigen Fußballkarriere: »Am wahrscheinlichsten« lag es an insterilen Operationsinstrumenten. Eine erschütternde Erkenntnis.

Statistisch gesehen, so erklärt Professor Hertel, liegt das Risiko bei chirurgisch-orthopädischen Patienten bei ein bis drei Prozent. In seiner Klinik, in der allein von ihm in den letzten zehn Jahren 7000 Patienten operiert wurden, traten Infektionen sogar nur bei 0,3 Prozent aller Patienten auf – darunter Matthias Sammer.

Juristisch gelten solche Wundinfektionen als allgemeines Operationsrisiko, weil es unmöglich ist, den Infektionsweg genau herauszufinden und jeder Patient vor dem Eingriff auf dieses Risiko hingewiesen wird. »Deshalb«, so Professor Hertel in seiner Stellungnahme, »ist es für mich wie bei jedem anderen Patienten eine schwere Last, dass Herr Sammer durch einen operativen Eingriff, zu dem ich mich bereit gefunden und verantwortet habe, geschädigt wurde, auch wenn man keine persönliche Schuld erkennen kann.«

Und weiter: »In die Gesamtwertung muss auch einbezogen werden, dass Herr Sammer bereits als Jugendspieler in der DDR durch eine Meniskusoperation am inneren und am äußeren Meniskus einen schweren, gerade im Fußballsport entscheidenden Substanzverlust in seinem rechten Knie erlitten hat. Es hat sich eine flächenhafte Arthrose mit Knorpelschädigung entwickelt, die vor meiner Operation zu mehreren anderenorts durchgeführten Operationen Anlass war. Die letzte Operation war gerade acht Wochen vor meiner Operation durchgeführt worden. Schon vor meiner Operation hat Herr Sammer wegen seiner häufigen Verletzungen an ein Karriereende gedacht, die Operation des 30-jährigen Spielers sollte noch eine letzte Chance sein. So ist die Komplikation nach meiner Operation eher als Teil eines Ablaufs zu sehen, der das Fass zum

Überlaufen gebracht hat und das vorzeitige Ende der aktiven Fußballerkarriere lediglich ausgelöst und beschleunigt, aber nicht allein verursacht hat.« So weit die offizielle Stellungnahme des Berliner Arztes, ausgestellt und unterschrieben am 21. März 2001, fast dreieinhalb Jahre nach dem Eingriff.

Natürlich war das Knie vorgeschädigt. Natürlich zitterte Sammer um seine Karriere. Aber der als harmlos eingestufte Eingriff in Berlin sorgte für ein Ende mit fatalen Folgen für den deutschen Fußball. Bis zuletzt hatte Berti Vogts auf Sammer als Libero für die WM 1998 in Frankreich gehofft. Und Borussia Dortmund auf die Rückkehr seines Leitwolfs. Ohne das Desaster von Berlin würde Matthias Sammer vielleicht heute noch spielen. So aber kann er noch immer nicht schmerzfrei spurten und benötigt als Cheftrainer einen Vorturner, weil er selbst nicht in der Lage ist, Übungen schmerzfrei vorzumachen.

Auf Leben und Tod

SCHAUPLATZ: STÄDTISCHE KLINIKEN IN DORTMUND
DATUM: 15. OKTOBER 1997

»Diese Schmerzen, ich könnte schreien.« Matthias liegt zu Hause im Wohnzimmer auf dem Sofa und hat das operierte und dick bandagierte linke Bein hoch gelegt. Wie ein Hammer pocht der Schmerz im lädierten Knie. Karin, seine Ehefrau, wird immer nervöser. Sie spürt, dass etwas nicht stimmt. Sie kennt sein übliches Verhalten nach Operationen und weiß: Dieses Verhalten ist nicht so wie sonst. Sie greift zum Telefonhörer. Sie ruft in Berlin an bei Professor Hertel. In München bei Dr. Müller-Wohlfahrt. In Regensburg bei Klaus Eder, dem Physiotherapeuten der Nationalelf, mit dem sie befreundet sind. Und immer noch wälzt sich ihr Mann auf dem Sofa. »Ich halt´s nicht mehr aus.«

Sie packt ihn unter die Arme, hilft ihm hoch. Sie stützt ihn auf dem Weg zum Auto. Und gibt Gas. Sie fährt, nach Rücksprache mit den Ärzten und nach Vorwarnung im Krankenhaus, in die Städtischen Kliniken von Herdecke nach Dortmund. Es geht ihr nicht schnell genug. Am liebsten würde sie ein Blaulicht auf das Mercedes-Dach setzen. Jede rote Ampel nervt, jeder andere Verkehrsteilnehmer ebenso.

Im Krankenhaus ist alles vorbereitet. Sofort wird das Knie untersucht. Und das, was alle befürchtet haben, wird zur Gewissheit: Infektionsalarm!

Das Knie ist angeschwollen wie ein Ballon. Es wird punktiert. Eiter und Blut kommen aus der Wunde. 60 Milliliter werden abgesaugt, die Bakterien unter dem Mikroskop untersucht. »Schnell, schnell.« Die Ärzte wieseln um den prominenten Patienten herum und schieben ihn um 17.30 Uhr in den Operationssaal.

Die Pressemitteilung von Borussia Dortmund erreicht noch am Abend alle Redaktionsschreibtische der Republik. Sie ist kurz und knapp gehalten: Matthias Sammer musste sich einer neuerlichen Operation am linken Knie unterziehen.

Kein Wort davon, wo die Operation stattgefunden hat. Der Ort sollte deshalb geheim gehalten werden, damit die Fans nicht vor dem Krankenhaus oder der Stationstür Schlange stehen und um ein Autogramm bitten. Weil Eile geboten war, hatte sich Matthias Sammer in die Städtischen Kliniken in Dortmund begeben.

Kein Wort davon, warum der neue Eingriff notwendig wurde. Und das nur zwei Tage nach der Operation von Berlin.

Kein Wort davon, wie es wirklich um den Patienten stand.

Dabei hatte Matthias Sammer den schwersten Kampf seiner Karriere zu bestehen. Er lag auf Leben und Tod.

Sammer ist kein Mann großer Worte. Zumindest nicht, wenn es um seine Leidensfähigkeit geht. Mitspieler haben ihm zwar mal vorgeworfen, er sei ein Hypochonder, würde Verletzungen und Wehwehchen schon spüren, bevor sie überhaupt da sind. Doch darauf hat er nur geantwortet: »Bisher haben meine Selbstdiagnosen noch alle gestimmt. Ich weiß schon, wenn etwas mit meinem Körper nicht stimmt.«

Auch über diese Tage in der Dortmunder Klinik hat er geschwiegen. Über die Höllenqualen und heftigen Schmerzen hat er kein Wort verloren. Dabei waren sie nicht mehr auszuhalten.

Die Bakterien fraßen sich nicht nur in sein vorgeschädigtes Knie, sondern hatten bereits sein Blut vergiftet. Sammer wurde in ein künstliches Koma versetzt. Die Ärzte kämpften verzweifelt um sein Leben.

Tag und Nacht bemühten sich die Ärzte mit den stärksten Medikamenten, den Organismus zu stärken. Tag und Nacht saß Ehefrau Karin am Bett, stets zwischen Hoffen und Bangen. Nicht nur, dass das Knie steif zu bleiben drohte. »Einen Tag später – und mein Knie wäre steif geblieben«, hat Sammer später mal erzählt. Die starken Medikamente brachten den Organismus des Hochleistungssportlers dermaßen durcheinander, dass Herz- und Nierenversagen drohte. Ein Kampf auf Leben und Tod.

Immer und immer wieder wurde das Knie ausgespült, insgesamt mit 15 Litern Flüssigkeit. Auch das Blut musste gereinigt werden. Und als Sammer nach zwölf Tagen die Klinik verlassen durfte, brachte er gerade noch 67 Kilogramm auf die Waage – elf Kilogramm weniger als sein Kampfgewicht.

Als Sammer Monate später seine ersten Interviews gab, sagte er auch diesen Satz: »Ich sehe jetzt vieles gelassener.« Worte, die erst an Bedeutung gewinnen, wenn man die ganze Leidensgeschichte kennt. Wer so spricht, hat dem Tod bereits ins Auge gesehen.

Den schwersten Kampf, den auf Leben und Tod, hatte er gewonnen. Der längste Kampf aber stand ihm noch bevor: der um sein Comeback. »Solange ich auch nur eine kleine realistische Chance sehe, gebe ich nicht auf.« Der Feuerkopf, den eiserner Wille schon auf dem Spielfeld ausgezeichnet hatte, setzte die gleiche Verbissenheit und Willenskraft ein, um wieder ganz gesund zu werden.

Der erste Weg führte ihn nach Bad Wiessee an den Tegernsee. Zum einen, weil unweit seine Tante Moni lebt, bei der Frau und Kinder wohnen konnten. Zum anderen, weil die dortige Reha-Klinik in Sportlerkreisen einen ausgezeichneten Ruf hat. Vor allem verletzte Skifahrer bereiten sich dort unter Anleitung von Fachleuten auf ihren nächsten Einsatz vor. Hier musste Sammer wieder laufen lernen. Jeden Tag gymnastische Übungen für das dermaßen vorgeschädigte Knie, das sich nur mühsam beugen ließ.

Anfang Dezember, zwei Monate nach der Notoperation, konnte er erstmals die Krücken beiseite legen, aber nur mühsam einen Schritt vor den anderen setzen. Seine bitterste Erkenntnis: »Ich kann noch immer keine Treppen steigen.« Sobald er das linke Knie beugen und belasten musste, blieben die Schmerzen unerträglich.

Und der nächste Rückschlag folgte prompt: Am 17. Dezember gab die Hubertus-Klinik in Bad Wiessee eine Pressemitteilung heraus, dass Sammer wegen »dringlicher diagnostischer Untersuchungen« wieder zur stationären Behandlung in eine Klinik eingeliefert werden musste.

Die Schmerzen waren unerträglich geworden. Vor allem nachts. Sammer ging in die psychiatrische Klink in Regensburg. In das Bezirkskrankenhaus, das auch geistig verwirrte Patienten behandelt. Sammer wurde hier eingeliefert, weil Chefarzt H. E. Klein seit zehn

Jahren ein anerkannter Spezialist für Schmerztherapien ist. Der auf Hochleistung getrimmte Organismus von Sammer hatte die starken Dosen von Antibiotika nicht verkraftet. Die Schilddrüse zeigte eine Überfunktion, die Nieren rebellierten gegen die Medikamente, die Schmerzen waren nicht mehr auszuhalten. Unter Aufsicht der Spezialisten musste das Gleichgewicht des Organismus wieder hergestellt werden. Der Körper musste auf die richtige Dosierung der Medikamente eingestellt werden, damit die Schmerzen endlich nachließen.

Schmerztherapie zu Weihnachten – Matthias Sammer blieb wirklich nichts erspart. Während der Feiertage durfte er die Klinik nur zu Spaziergängen verlassen, mehr war nicht möglich.

Das öffentliche Interesse an dem Mann, der gerade sechs Monate zuvor Europas Krone nach Dortmund gebracht hatte, war natürlich ungebrochen. Aber seit jenem 15. Oktober, seit der Operation in Berlin, hatte er kein Interview mehr gegeben. Alle Informationen waren spärlich, von Kliniken oder seinem Verein Borussia Dortmund gesteuert. Deshalb stellte sich Sammer Ende Januar erstmals den Journalisten. Er hatte nach Donaustauf geladen, der dritten Station seines Aufbautrainings nach Bad Wiessee und Regensburg.

Donaustauf liegt nur ein paar Kilometer von Regensburg entfernt. Hier betreibt Klaus Eder seine Eden-Reha. Hier gilt Matthias Sammer schon als Familienmitglied. Und hier gab er am 24. Januar 1998 eine erste Bestandsaufnahme. Ein halbes Jahr vor Beginn der Fußball-Weltmeisterschaft in Frankreich. Auszüge: »In zwei Monaten fällt die endgültige Entscheidung darüber, ob ich mit Fußball weitermachen kann oder nicht. Ich kann zur Zeit immer noch nicht laufen, denn der Muskelaufbau im operierten Knie hat gerade erst begonnen. Aber ich gebe nicht auf. Ich will wieder spielen. Vielleicht sogar bei der WM.«

Sprach´s und verabschiedete sich in einen ersten Kurzurlaub: Mit Frau Karin und seinen Kindern Sarah und Marvin-Matthias ging es zum »Stanglwirt« in Going bei Kitzbühel. Ein erster Schritt in ein normales Privatleben.

Doch der Kampf um das Comeback hat gerade erst begonnen. Tag für Tag, Woche für Woche quält er sich mühsam um jeden Zentimeter, den er sein Knie mehr beugen kann. Er lernt jede gymnastische Übung kennen, die er seinem Knie zumuten kann, strampelt sich auf dem Fahrrad ab und genießt dabei den Geruch von Schweiß. Es ist das einzige, was ihn noch an Fußball erinnern lässt.

Die Eden-Reha ist seit jeher ein Sportlertreff. Auch, weil Klaus Eder eng mit Dr. Müller-Wohlfahrt zusammenarbeitet, dem Mannschaftsarzt des FC Bayern und wichtigstem Medizinmann der Nationalmannschaft. Die Bayern-Spieler sind hier, um sich von ihren Verletzungen zu erholen. Und auch Boris Becker ist hier Stammgast.

Seit der Europameisterschaft in England kennen sich Sammer und Becker. Der Tennisstar schaute von Wimbledon aus immer wieder herüber zur Nationalmannschaft. So wurde er auch zum Maskottchen der DFB-Elf. Doch erst hier in Donaustauf lernen sich die beiden Sportler richtig kennen und schätzen.

Abends sitzen sie zusammen, erzählen und diskutieren, tauschen ihre Weltanschauungen aus und die speziellen Eigenarten ihres Sports. Beide sind rothaarig, beide willensstark, beide erfolgsorientiert. Der größte Unterschied aber: Tennis ist ein Einzel-, Fußball ein Mannschaftssport. Deshalb hört Boris fasziniert zu, wenn Sammer über das Gefüge spricht, das zusammenpassen muss. Und Matthias ist ebenso fasziniert, wenn Boris über sein Leben in der Öffentlichkeit spricht, das er glänzend gemeistert hat.

Vier Monate nach der Operation kehrt Sammer endlich nach Dortmund zurück. Am 22. Februar, 112 Tage nach dem letzten Eingriff, lässt er sich erstmals wieder bei Borussia sehen. Und schon jubelt Trainer Nevio Scala: »Ich hoffe, dass ich ihn noch in dieser Saison einsetzen kann.« Doch da hat Sammer noch immer nicht mit Lauftraining beginnen können.

Erste Versuche muss er abbrechen. Auf jede Belastung reagiert das Knie mit einer Reizung. Schon beim Joggen reagiert es, schwillt an und wird dick. Also kämpft Sammer weiter im Kraftraum.

Direkt neben dem Trainingsgelände in Dortmund hat Borussia ein Reha-Zentrum mit ausgebildeten Physiotherapeuten eröffnet. Hier, bei »Orthomed«, schuftet Sammer an den Geräten. Noch zeitintensiver als die Profis, die sich nebenan auf die Bundesligaspiele vorbereiten. Jeden Morgen und jeden Nachmittag zieht er sein Programm durch. Täglich bis zu acht Stunden Kraft, Kondition und Koordination der Muskeln.

Die Erfolge sind messbar: Sein Oberschenkelumfang ist auf 58 Zentimeter angewachsen. Genauso kraftvoll wie der von Roberto Carlos, dem brasilianischen Scharfschützen von Real Madrid. Sein Gewicht ist auf 80 Kilogramm geklettert und damit um fünf Kilogramm höher als zu den besten aktiven Zeiten. »Das ist kein Gramm Fett, alles nur Muskeln«, sagt der Libero. Aber laufen, das geht immer noch nicht.

»Die Tür für die WM bleibt für Matthias ganz, ganz lange offen.« Diesen Satz wiederholt Bundestrainer Berti Vogts fast gebetsmühlenartig. Aber jetzt rückt die Fußball-Weltmeisterschaft immer näher. Der Bundestrainer hat Olaf Thon zurückgeholt und den Schalker zu seinem Libero gemacht. Und im Hintergrund ist immer noch der Name Lothar Matthäus. Der Rekordnationalspieler und Libero des FC Bayern hat seine Form wiedergefunden. Natürlich ist er nicht mehr der Schnellste. Aber kein anderer Libero in der Bundesliga beherrscht den Spielaufbau so wie er. Mit seiner Übersicht und Spielintelligenz kann er die Altersmängel ausgleichen und dem Spiel der Bayern viele Impulse geben.

Berti Vogts drängt auf eine Entscheidung. Der Bundestrainer berät sich mit seinen Ärzten. Er spricht mit Dr. Müller-Wohlfahrt und mit Klaus Eder. Und beide geben ihm zu verstehen, dass Sammer aus medizinischer Sicht längst wieder spielen müsste.

Ist er wirklich zu vorsichtig? Kann er seinen inneren Schweinehund nicht besiegen? Nicht über seinen Schatten springen? Nicht über die Schmerzgrenze gehen? Das sind Vorwürfe, die Sammer in seiner Sportlerehre kränken, die ihn bis ins Mark treffen.

Heimlich unternimmt er einen letzten Versuch. Er läuft, was das Zeug hält. Nicht im Sprinttempo, sondern leicht und locker im Jogging-Rhythmus. Als die Schmerzen erste Warnsignale senden, läuft er weiter. 15 Minuten, 30 Minuten, eine Halbzeit.

Wird das Knie halten? Hat er sich wirklich nicht genug zugetraut?

Fragen, die ihn selbst quälen und ihn wach halten in der Nacht danach. Geht es vielleicht doch? Kann er doch noch mit zur WM?

Die Antwort erhält er am nächsten Morgen beim Blick auf das linke Knie. Es ist tatsächlich wieder dick geworden. Er fühlt es und fühlt die Wärme, die erneut eine leichte Entzündung signalisiert. Nein, er ist kein Simulant. Wenn es auch noch eines schmerzhaften Beweises bedurft hätte, so ist es dieser Morgen nach dem ultimativen Laufversuch.

Am 6. Mai, gut einen Monat vor WM-Beginn, kommt das endgültige Aus. Sammer ruft bei Berti Vogts an und informiert den Bundestrainer: »Es hat keinen Sinn mehr, länger zu warten. Die WM findet ohne mich statt, definitiv.« Tags darauf erklärt Berti Vogts in einem Interview mit *Sport-Bild*: »Ich werde ein Gespräch mit Lothar Matthäus führen.« Er holt den Weltmeister von 1990 zurück in sein Aufgebot. Beim 0:0 in Finnland, dem ersten Länderspiel in der WM-Vorbereitung, feiert Matthäus sein Comeback nach vier Jahren Deutschland-Abstinenz.

Der Kampf um Sammer aber ging weiter. Da gab es noch das Angebot von DFB-Präsident Egidius Braun: »Für Sammer ist immer ein Platz beim DFB.« Auch jetzt versuchte der oberste Fußball-Funktionär, Sammer zu einer Aufgabe bei der Weltmeisterschaft zu überreden. Auch Berti Vogts kämpfte: »Ich brauche Sammer.« Er bot ihm an, in Frankreich unter der Aufsicht von DFB-Ärzten seine Trainingsarbeit fortzusetzen und als sein persönlicher Berater zu fungieren. Als Sammer auch das ablehnte, folgte der nächste Versuch: Sammer könne Gegner beobachten, analysieren und so einen wichtigen WM-Beitrag für den deutschen Fußball leisten. Doch Sammer wollte nicht. »Da störe ich doch nur.«

Seine Spielerkarriere war für ihn noch nicht abgeschlossen. Nicht jetzt, acht Monate danach. Nicht, solange es noch ein Fünkchen Hoffnung gab. Nicht, solange nachts in seinen Träumen noch die Bilder von großen Spielen und großen Siegen durch seinen Kopf zogen und er schweißgebadet aufwachte, weil er das Gefühl hatte, entscheidend eingreifen zu müssen. »Fußball ist doch mein Leben. Ich habe nichts anderes gelernt.«

Das Geheimtreffen an der Bar

SCHAUPLATZ: HOTEL BELLEVUE IN DRESDEN
DATUM: 19. APRIL 1989

»Komm, lass uns abhauen!« Matthias Sammer, Torsten Gütschow und Frank Lieberam schieben die Holzstühle zur Seite. Aus lauter Frust haben sie sich ein paar Biere hinter die Binden gekippt. Aber jetzt leert sich das Klubhaus. Am Tresen nur noch einige Dynamo-Fans, die es auch noch nicht begreifen können.

Nein, Stimmung konnte da nicht aufkommen. Und schlafen kann jetzt auch noch keiner. Zu groß ist der Frust. Einige müssen am nächsten Tag die »Traumreise« zum Länderspiel nach Russland antreten. Aber wer will schon nach Moskau? Und noch immer spukt dieser Traum in den Köpfen herum. Der Traum vom UEFA-Cup-Finale gegen den SSC Neapel, gegen Maradona. Aus, vorbei. Stunden zuvor das 1:1 gegen den VfB Stuttgart. Es reichte nicht, der VfB hatte das Hinspiel 1:0 gewonnen.

Sie schlendern in die laue Aprilnacht hinaus. Die Uhr geht schon gegen drei. »Komm, wir gehen ins Bellevue.« Gesagt, getan. Als sie durch die Drehtür das Foyer betreten, sehen sie die Sieger. Der VfB Stuttgart hatte sich im Bellevue einquartiert, dem ersten Hotel am Platze. Trainer Arie Haan sitzt da noch an der Bar, auch Geschäftsführer Ulrich Schäfer. Das Dynamo-Trio wird eingeladen – alles auf Kos-

ten des VfB. Aber während Gütschow und Lieberam sich bald wieder verabschieden, ist Sammer fasziniert. Stundenlang diskutiert er mit dem holländischen Trainer, der als Spieler 1974 und 1978 Vizeweltmeister war und jetzt den VfB trainiert. Sie reden natürlich über Fußball, über die Bundesliga. »Er erzählte mir Dinge, die ich noch nie gehört hatte. Und sagte mir, dass er mich für einen hervorragenden Fußballer hält.« Ausgerechnet der Holländer, früher selbst ein Weltklasse-Fußballer. Mittelfeldspieler wie Sammer. Zweimal Vizeweltmeister. Ein ganz Großer. Sammer ist sichtlich beeindruckt.

Es ist der Tag, an dem Matthias Sammer seine Liebe für den VfB Stuttgart entdeckt.

Erst morgens um sechs geht Sammer nach Hause. Und findet immer noch nicht in den Schlaf. Immer wieder muss er an Arie Haan denken und an dessen Weltbild vom Fußball.

Matthias Sammer hatte immer seine eigene Meinung über Trainer – vor allem über die in der DDR. Der Spruch seines Vaters hatte sich in sein Gehirn eingemeißelt: »Aus Spielern, die auf Trainer hören, wird nie etwas.« Das galt zumindest für den Ost-Fußball. »Die waren alle blind. Gut in der Theorie, aber mit null Menschenkenntnis. Keiner gab Dir das Gefühl, dass Du ein guter Spieler bist. Du warst eben einer von vielen, irgendein Rindvieh«, so Sammer selbst in einer flapsigen Stunde. Der Stuttgarter Sportautor Oskar Beck drückte es mal so aus: Die SED-Aufpasser ließen nach Stars steckbrieflich fahnden. Wenn einer den Kopf aus dem Kollektiv steckte, wurde er abrasiert. Champignon-Prinzip.

Sammer wurde öfter rasiert. Gleich am Tag nach dem Treffen im Bellevue stand die Stasi vor der Tür. Sammer musste zum Verhör – wegen Fluchtgefahr! »Worüber haben Sie geredet? Wurde Ihnen ein Vertrag versprochen?« Die ganze Leier rauf und runter, stundenlang musste er Rede und Antwort stehen. Immer wieder die gleichen Fragen. Doch schließlich konnte Sammer die Offiziere überzeugen. »Ich war so oft im Westen, ich hätte so oft abhauen können, ich habe es nie gemacht. Warum also diesmal?« Mit 2500 Mark Geldstrafe wurde die Sache zu den Akten gelegt. »Wenn die gehört hätten, was wir alles besprochen haben, hätte ich nie mehr Fußball gespielt«, erzählte Sammer später.

2500 Mark – viel Geld für Ost-Verhältnisse. Aber Matthias lebte nicht schlecht. Er hatte eine Zwei-Raum-Wohnung, einen Lada. Auf den musste er auch keine vierzehn Jahre warten wie Otto-Normalbürger, sondern nur zwölf Monate. Offiziell hatte er Maschinenanlagen-Monteur gelernt. Er war auch – wie alle bei Dynamo – Polizist. Der Ausweis flog irgendwo in der Wohnung herum. Befördert wurde man je nach Erfolg. Das Anfangsgehalt betrug 1120 Mark. Aber dazu kamen Prämien. In einem Monat wie diesem mit Europacup-Teilnahme konnte man schon auf 6000 bis 8000 Mark kommen. Die Stasi-Strafe war also zu verkraften.

Um das Verhältnis von Matthias Sammer zum Staatsapparat der DDR zu erklären, bedarf es einer Rückblende zu Vater Klaus. Auch er war Oberligaspieler, auch er spielte in der Auswahlmannschaft und schlug anschließend die Trainerlaufbahn ein. Matthias: »Unser Leben war total vorbestimmt. Das hieß: Fußball spielen, solange die Knochen halten. Dann irgendwann Trainer bei Dynamo Dresden, Rente, sterben. Und für alle Zeit: Denken verboten!«

Aber Klaus Sammer gestattete sich einen ungeheuerlichen Luxus: Er pflegte eine eigene Meinung. Der »Lange« (so sein Spitzname) ließ sich nicht verbiegen und galt deshalb als stur. Klaus Sammer war noch nicht einmal Parteimitglied – und das ließen sie ihn spüren. Mit der Höchststrafe für einen Sportler wie ihn.

Seine größte Demütigung: Die WM 1974 in Deutschland, das 1:0 in Hamburg für die DDR gegen die BRD, durfte er nur zu Hause am Fernsehschirm verfolgen. Und das, obwohl er beim entscheidenden WM-Qualifikationsspiel, dem 2:0 über Rumänien, zu den Stützen der DDR-Auswahl gezählt hatte. Das gleiche Spiel hatte er schon zwei Jahre zuvor erlebt, 1972 bei den Olympischen Spielen von München. Zweimal hieß die Begründung für seine Ausladung: Westkontakte, Fluchtgefahr.

Weltmeisterschaft, Olympia – allein die Teilnahme ist für einen Sportler das Größte. Sich mit den Besten der Welt messen zu können ist eine Herausforderung, für die sich jede Schinderei lohnt. Klaus Sammer durfte nicht.

Seine Schwiegermutter war 1972 nach Hamburg gezogen, eine Tante an den Tegernsee, eine andere nach Lüneburg. Was also lag näher, als Vater Klaus Fluchtgedanken zu unterstellen.

Aber Flucht? Matthias sagt: »Ich konnte es mir schon vorstellen. Doch man hörte so viele brutale Dinge. Ich hätte es wegen meines Elternhauses nie fertig gebracht. Meine Familie zehn Jahre nicht zu sehen, hätte ich nicht verkraftet.«

Einmal hat er trotzdem überlegt. Er wollte seinen Vater überreden, alles hinzuschmeißen. Er hielt es nicht mehr aus.

Das war 1986. Der Vater als Trainer und der Sohn als Spieler waren mit Dynamo sang- und klanglos aus dem Europacup ausgeschieden. Hatten 3:7 in Uerdingen verloren, obwohl Dynamo das Hinspiel 2:0 gewonnen und auch in Krefeld 3:1 geführt hatte. Viel schlimmer noch: Frank Lippmann hatte sich abgesetzt, war durch die Hotelgarage verschwunden. Ausgerechnet Lippmann, für den sich Vater Sammer verbürgt hatte.

Der Vater wurde gefeuert und zur Strafe nach Meißen versetzt. Der Sohn wurde in das Juniorenteam zurückgestuft. Bei so viel Repressalien denkt man unweigerlich: Muss ich mir das alles gefallen lassen? Nächtelang ließ Matthias der Gedanke nicht los. Aber sie blieben. Alle beide. Und widerstanden sogar der Verlockung des FC Carl Zeiss Jena, der sensationelle 50 000 Mark für einen Wechsel bot. Das war ein Vermögen damals. Aber die Sammers blieben ihrer Linie treu und ebenso konsequent. Matthias: »Mein Vater hat mich überredet zu bleiben. Ich wurde danach bei jedem Spiel brutal ausgepfiffen. Ich war der Buhmann. Aber er hat mich immer wieder aufgebaut, und ich habe durchgehalten.«

FDJ? Nichts für Matthias. Der Vater ließ seinen Sohn nur deshalb auf die Kinder- und Jugend-Sportschule (KJS), weil er ihm die Karriere als Fußballer nicht versauen wollte. »Ich habe davon nix gehalten. Deshalb sollte meine Tochter Katrin auch nie auf so eine Schule.« Aber Matthias ging hin, als er in der siebten Klasse war, auch weil er abends immer nach Hause konnte.

Stasi? Nein, unmöglich. Sie spielten zu Hause sogar die Extremsituation durch. Du sitzt in der Kabine unmittelbar vor einem wichtigen Spiel. Draußen ein volles Stadion und das Kribbeln hat dich gepackt. Dann kommen sie und setzen dir die Pistole auf die Brust: Entweder Stasi oder Sperre. »In so einem Moment bist du eigentlich bereit, alles zu tun.« Sammer war es nicht. »Wenn ich mich da für die Karriere entschieden hätte, hätte mein Vater mich angespuckt.« Er war gewappnet, er war gefeit. Und sagt heute: »Ich bin stolz, nie bei der Stasi gewesen zu sein.« Seine besten Kumpels aus Dynamo-Tagen, Masseur Friedel und Freund Lieberam, wurden später als Stasi-Spitzel enttarnt. Obwohl sie sich ihm zuvor offenbart und bei ihm entschuldigt hatten, war es für ihn wie ein Schock. Und bestärkte ihn in seiner Meinung, dass Misstrauen der beste Weggefährte ist. Auch ein Grund, warum er stets alles und jeden in Frage stellt.

Einmal musste er trotzdem Erich Mielke, dem Stasi-Chef, die Hand geben. Als er mit Dresden Meister wurde, standen alle Spalier – und Mielke nahm seine Parade ab. Ihn muss Ekel befallen haben, denn später kommentierte er diesen Händedruck so: »Bis jetzt sind sie mir Gott sei Dank nicht abgefault.«

Die Sammers waren immer anders. Sie erlaubten sich zu denken. Und manchmal sogar etwas zu sagen. Deshalb galten sie als unbequem und passten nicht in sozialistische Verhaltensnormen. Sammers größtes Problem: Er war einfach besser als die anderen. Das war mit den Gleichheitsprinzipien des SED-Staates nun ganz und gar nicht vereinbar. Matthias ragte oft heraus und wurde ebenso oft gestutzt.

Das fing schon in der Schule an. Da wurde über seine schulischen Leistungen gemeckert, obwohl sie zwar nicht gut, aber ordentlich waren. Schon in der ersten Klasse sollte er deshalb mit dem Fußballspielen aufhören. Er hat es nicht getan.

Eines Tages gab es bei Dynamo »adidas«-Stiefel. Der Traum für jeden Fußballer. Kirsten und Stübner, seine Weggefährten in der Jugendzeit, liefen stolz mit den neuen Stollentretern herum. Aber Matthias bekam keine. Aus lauter Schikane gegen Individualität.

Erst im nächsten Sommerurlaub in Ungarn konnte er mit französischen Gästen tauschen – Schuhe gegen Naturalien. Das erklärt seine besondere Beziehung zu den Schuhen mit den drei Streifen. Seither hamsterte er »adidas«-Treter – Vater Klaus hat die Stiefel noch heute zu Hause aufbewahrt.

Mit vierzehn schoss er in einer Saison 263 Tore. Aber eine Leipziger Zeitung ließ wegen der sozialistischen Realtreue lieber 200 Tore unter den Redaktionsschreibtisch fallen.

Trotzdem war sein Aufstieg nicht aufzuhalten. Er kam in die DDR-Jugendauswahl. Mit der U 15 spielte er erstmals in Westdeutschland, in Braunschweig. Die DDR verlor 0:5, »weil wir vorher zwei Stunden Politunterricht hatten«. Mit sechzehn wurde ihnen eingehämmert, dass sie bei der Nationalhymne ein Kribbeln zu verspüren hatten. Matthias hatte es nie. Im Gegenteil. Er hockte vor dem alten Radiokasten, hörte auf Mittel- oder Kurzwelle zu, wenn die westdeutsche Nationalelf spielte. Manchmal ging der Ton weg. Weil es die ganze Zeit so rauschte, brummte danach der Schädel. »ARD«, erzählt Sammer, »war für uns die Abkürzung für ›Außer Raum Dresden‹.« Im Elbetal war West-Fernsehen nicht zu empfangen.

Er war einer der Besten der »Jugendwettkämpfe der Freundschaft« und wurde Torschützenkönig bei einem Turnier in Monthey/Frankreich. Er bestritt sein erstes Oberligaspiel am 24. August 1986, mit siebzehn Jahren: Gegen Magdeburg wurde er eingewechselt – für Ulf Kirsten.

»Schwierigkeiten«, so erzählt Matthias, »hatte ich vor allem, als mein Vater mein Trainer war. Da kamen Vorwürfe, ich würde nur spielen, weil ich sein Sohn sei.« Dabei ging Vater Klaus mit seinem Sohn besonders sorgsam um. Erst baute er die gleichaltrigen Kirsten und Stübner in die Dynamo-Mannschaft ein, ehe er seinem Sohn eine Chance gab.

Vielleicht hatte es Sammer deshalb nach der Wende besonders eilig, das »Tal der Ahnungslosen« zu verlassen. Auf dem Weg nach Stuttgart raste er mit seinem Mercedes mit 162 Stundenkilometern gen Westen, wo nur Tempo 100 erlaubt war. Der Führerschein blieb in Dresden.

Als er zwei Jahre später Stuttgart in Richtung Italien verließ, war der Schaden größer; er belief sich auf ein paar hunderttausend Mark. Er hatte sich mit Bauherren-Modellen verspekuliert, weil er auf vermeintliche Freunde gehört hatte. Einer davon hieß Arie Haan. Nicht nur, dass Sammer überhöhte Vermittlungsprovision zahlen musste, er investierte auch in überteuerte Immobilien, die er erst Jahre später mit großem Verlust verkaufen konnte.

Die Wende

SCHAUPLATZ: PRATERSTADION IN WIEN
DATUM: 15. NOVEMBER 1989

Matthias Sammer zieht den Reißverschluss seiner Trainingsjacke zu und setzt sich auf die Auswechselbank. Trainer Eduard Geyer hat ihn nach 79 Minuten ausgepumpt vom Platz geholt und gegen Uwe Weidemann ausgewechselt. Der Adrenalinspiegel ist noch immer hoch, seine Augen sind wie versteinert aufs Spielfeld gerichtet. Es geht um so viel. Es ist das Endspiel: Österreich gegen die DDR. Nur ein Sieg fehlt noch, und die DDR ist erstmals seit 1974 wieder für eine Weltmeisterschaft qualifiziert. Was für eine Chance. Aber es steht 0:3 durch drei Tore von Toni Polster.

Hier geht es noch um viel mehr. Das Praterstadion wird zur Schaubühne, zur Plattform für dicke Verträge.

Irgendwie ist alles durcheinander. Auf dem Spielfeld und auf der Bank. Da sitzt ein schwarzer Lockenkopf mit Fotografen-Leibchen und rückt immer näher heran. Plötzlich spricht er Sammer an. Ganz leise. »Schönen Gruß von Herrn Calmund. Wir wollen Sie nach Leverkusen holen. Lassen Sie uns nach dem Spiel im Sporthotel Lindabrunn reden – und bringen Sie am besten noch Thom und Kirsten mit.«

Der Lockenkopf heißt Wolfgang Karnath und ist Beauftragter von Leverkusens schwergewichtigem Manager Reiner

Calmund. Der hat Karnath und den Ex-Nationalspieler Dieter Herzog, der jetzt in der Beobachtungsabteilung der Fußballabteilung arbeitet und natürlich beim Bayer-Werk angestellt ist, nach Wien geschickt. Nur fünf Tage, nachdem die Mauer gefallen ist, ist das WM-Qualifikationsspiel die beste Spielerbörse.

Als der Stacheldraht plötzlich durchlässig wird in der geschichtsträchtigen Nacht zum 10. November, sind die Fußball-Stars aus dem Osten in Leipzig einkaserniert. Die Nationalmannschaft bereitet sich auf das Entscheidungsspiel vor. Gespannt hocken die jungen Männer vor dem Fernsehschirm. Sammer: »Stunde um Stunde jagte eine Meldung die andere. Reisefreiheit, Geldumtausch, Löcher in der Mauer, Menschenauflauf am Brandenburger Tor. Und bei uns knallten die Champagner-Korken.« Das Spiel gegen Österreich verkommt zur Nebensache. Jeder sieht plötzlich seine Chance, an die Fleischtöpfe der Bundesliga zu gelangen.

Entsprechend dann das Ergebnis von Wien. Die WM 1990 muss ohne die Mannschaft aus Deutschlands Osten stattfinden. Aber in den Köpfen der Spieler hämmert nur noch ein Wort: Bundesliga, Bundesliga, Bundesliga.

Der 16. November, der Tag nach dem WM-K.o. Reiner Calmund reist nach Berlin. Vor der Wohnung von Andreas Thom an der Jannowitzbrücke fängt der Manager den Fußballstar ab. Aus Angst vor der Stasi trifft man sich dann im Grandhotel Esplanade. Und gleich beim ersten Treffen unterzeichnet Thom einen Vertrag mit Bayer 04 Leverkusen. Es ist der erste Ost-West-Wechsel. Im Wende-Chaos erhält Calmund sogar noch nachträglich das Plazet von ganz oben. Der Fußball-Verband der DDR segnet den Transfer ab. Thom stürmt schon zwei Monate später in der Bundesliga.

Die Wende, auch im Fußball Thema Nummer eins. Andreas Thom beherrscht die Schlagzeilen. Was einen Tag später passiert, bleibt aber zunächst geheim.

Freitag, 17. November. Wieder hält Calmund im Berliner Grandhotel Hof. Diesmal kommen Ulf Kirsten und Matthias Sammer aus Dresden angereist. So haben sie es in Wien mit Wolfgang Karnath abgesprochen. Und wieder hat Calmund Erfolg: Auch Kirsten und Sammer setzen ihre Unterschrift unter die Verträge mit Bayer 04 Leverkusen, die Calmund wohlweislich mitgebracht hat und die bereits die Unterschrift der Bayer-Bosse tragen.

Es gibt weitere Treffen in Berlin. Mit Trainer Jürgen Gelsdorf, der erklärt, wie er die Neuen in sein Team einzubauen gedenkt. Mit Karnath und Calmund. »Die haben mir das Gefühl gegeben, dass sie mich wirklich wollen«, sagt Sammer.

Erst danach setzen sich der Chemie-Gigant aus Leverkusen und sein umtriebiger Manager mit dem Fußball-Verband der DDR in Verbindung. Und die Macher des auseinander fallenden Ost-Fußballs legen ihr Veto ein. Sammer und Kirsten dürfen (noch) nicht wechseln. Außerdem machen sie Calmund klar, dass Leverkusen nicht zur Ost-Filiale werden darf und nicht alle drei Spieler nach Leverkusen dürfen. Bayer muss sich entscheiden. Nach Thom noch ein weiterer Spieler, aber nicht zwei. Die Wahl fällt auf Ulf Kirsten.

Im Dezember gibt es ein Treffen in Prien am Chiemsee, Calmunds Winterurlaubsresidenz. Wieder kommen Sammer und Kirsten angereist, und wieder ist auch

Wolfgang Karnath dabei. Sammer hat es sich überlegt: »Mein Bauch sagte: Geh nicht nach Leverkusen. Ich habe Calmund gebeten, den Vertrag zu zerreißen.« Sammer weiß zu dem Zeitpunkt nichts vom Veto der DDR-Bosse, sondern bittet von sich aus um Vertragsauflösung. Erst später erkannte er, warum Calmund so schnell zustimmte. Unter den Augen von Kirsten und Karnath machte Calmund eine Handbewegung, die das Zerreißen des Vertrages belegen sollte. Der Vertrag liegt wahrscheinlich immer noch unterschrieben in den Bayer-Tresoren. Gebrauch machte Calmund davon nie.

Nun war der Weg frei nach Stuttgart. Nicht erst seit dem Treffen mit Haan war der VfB sein Lieblingsverein. Ein Freund von ihm hatte ein Buch vom VfB Stuttgart zu Hause. Die Chronik des Schwaben-Klubs hatte Sammer schon in jungen Jahren verschlungen. Die Identität war Schritt für Schritt gewachsen.

Aber der VfB ließ nichts von sich hören. Wochenlang, monatelang. Sammer spielte weiter in Dresden. Und er spielte gut. Am Ende der Saison stand das Double: Meister und Pokalsieger. Am Ende der Saison standen auch zwanzig Tore auf seinem Liga-Konto. Eine stattliche Zahl.

Sammer: »Wenn ich mich nicht selber auf Stuttgart fixiert hätte, wäre ich nie in Stuttgart gelandet. Als sie sich dann wirklich gemeldet haben, war es für mich wie Ostern und Weihnachten an einem Tag.«

Der Weg zum VfB – begleitet von Pleiten, Pech und Pannen. Hermann Ohlicher, zu der Zeit Sportchef beim VfB, wollte sich mit Sammer beim Hallenturnier in Leipzig treffen. Dynamo aber war früh ausgeschieden und hatte sich schon verabschiedet, als Ohlicher in Leipzig eintraf. Da die Sammers noch kein Telefon hatten und er zu seinen Eltern aufs »Grundstück« flüchtete, wo es erst recht keine Telefonverbindung gab, platzte das Treffen. Das »Grundstück« war nichts anderes als ein Schrebergarten.

Monate später – Sammer hatte sich inzwischen vertraglich an den VfB gebunden – fand in Dresden ein Fortbildungsseminar für Ost-Funktionäre statt. Stuttgarts Präsident Mayer-Vorfelder, gleichzeitig Chef des Liga-Ausschusses, hatte sich mit seinem Adlatus Schäfer im Hotel Bellevue einquartiert. Sie bestellten Sammer. »MV« fragte vorsichtig, ob er nur zum VfB kommen würde, wenn der Trainer Arie Haan hieße. Sammer: »Ich habe mich nicht an einen Trainer, sondern an einen Verein verpflichtet.« Sichtlich erleichtert antwortete »MV«: »Das ist gut so. Wir haben Arie Haan heute entlassen.«

Matthias Sammer, gerade erst 22 Jahre alt, stand im Gegensatz zu Andreas Thom noch am Anfang seiner Karriere. Thom, bei DDR-Abo-Meister und Stasi-Klub Dynamo Berlin unter Vertrag, galt als bester Fußballer aus dem Ostteil der Republik. Technisch perfekt, schnell, schuss- und dribbelstark, hatte er sich in Europapokal- und Länderspielen weit über die durch Mauer, Stacheldraht und Minen eingeschlossene Republik einen Namen gemacht. Und trotzdem war es Matthias Sammer, der noch einmal Sportgeschichte für die DDR schreiben sollte. Denn die sportliche Vereinigung der beiden Verbände sollte länger dauern als die politische.

Bei der WM 1990 in Italien spielte noch die Mannschaft auf, die sich dafür auch qualifiziert hatte: Die

Beckenbauer-Elf mit den Stars Matthäus, Brehme und Völler. Unvergessen die legendäre Pressekonferenz, die Franz Beckenbauer nach dem WM-Finale von Rom, dem 1:0-Triumph über Maradonas Argentinien, vor der versammelten Weltpresse gab. Beckenbauer damals: »Die deutsche Mannschaft wird durch die Wiedervereinigung noch stärker und auf Jahre unschlagbar sein.« Schon kurz darauf entschuldigte sich »Kaiser Franz« für diese im Überschwang der Gefühle geäußerte Euphorie bei seinem Nachfolger Berti Vogts: »Sorry, Berti, damit habe ich Dir wohl einen Bärendienst erwiesen.« Aber die Erwartungen in Deutschland und in der Weltöffentlichkeit waren ins Unermessliche gestiegen.

Erst zwei Monate später, am 12. September 1990, klappt der DDR-Verband seine Fußball-Geschichtsbücher endgültig zu. An jenem Tag findet das 293. und letzte Länderspiel der DDR-Auswahl statt.

Thom, Kirsten und Sammer sind nicht die einzigen, die die Chance genutzt haben, im Westen lukrative Profiverträge zu ergattern. Rainer Ernst, der DDR-Kapitän, ist zum 1. FC Kaiserslautern gewechselt, Steffen Karl von Chemie Halle zu Borussia Dortmund, Uwe Weidemann aus Erfurt zum 1. FC Nürnberg, und der Hamburger SV sichert sich die Dienste der beiden Berliner Thomas Doll und Frank Rohde. In der Zweiten Liga kommen Dirk Schuster (von Magdeburg nach Braunschweig) und die drei Dresdner Matthias Döschner, Andreas Trautmann und Uwe Pilz unter. Sie erhalten Verträge bei Jean Löring und Fortuna Köln.

Als Eduard Geyer seine Einladung für das letzte Länderspiel verschickt, hagelt es Absagen. Kapitän Rainer

Ernst ist zurückgetreten, andere »nehmen« sich Verletzungen. Als sich die Profis am 9. September in der Sportschule Kienbaum treffen, sind von 36 potentiellen Kandidaten nur zwölf anwesend. Nach mehr als dreißig Telefonaten erklären sich schließlich noch Bonan und Kracht bereit, zum Treffpunkt nach Berlin anzureisen. Andere wie Halata wollen keine Notnägel spielen.

Der einzige Profi aus der Bundesliga, der den Weg nach Berlin findet, ist Matthias Sammer. Ihm war nicht einmal in den Sinn gekommen, die Einladung auszuschlagen oder eine Verletzung vorzutäuschen. Für ihn war es Ehre und Pflicht zugleich, dieses vormals als EM-Qualifikationsspiel ausgeloste Aufeinandertreffen mit Belgien mitzuspielen. Doch als er in dieses Chaos von Berlin einfliegt, kommen auch ihm Zweifel. Soll er sich zum Deppen machen? In die Geschichtsbücher eingehen als Kapitän der desolatesten Mannschaft, die je auf einem internationalen Spielfeld aufgetreten ist?

Die Unterkunft ist primitiv. Das Essen ist schlecht. Und weil der Verband kein Geld mehr hat, muss sogar die Selters selbst bezahlt werden. Sammer packt seine Sporttasche und lässt sich noch am Sonntagabend zum Flughafen Berlin-Tegel chauffieren. Er geht zum Lufthansa-Schalter und fragt nach dem nächsten Flug nach Stuttgart. »Bedaure, heute nicht mehr. Erst wieder am nächsten Morgen.« Sammer lässt resignierend die Schultern hängen, schleicht reumütig ins Quartier zurück. Er ist zum Bleiben gezwungen und reist mit dem gesamten Tross nach Brüssel.

Auch hier läuft es auf alles andere als eine ruhige Vorbereitung auf ein geschichtsträchtiges Länderspiel hinaus. In jeder Ecke des Hotels sitzen Spieler mit ihren

Beratern, unwissend, wie der Profi-Fußball im Westen funktioniert. Sie staunen mit großen Augen und noch größeren Ohren über die Zahlen, mit denen da jongliert wird. Und mitten in diesem Tohuwabohu wird dann das Taschengeld bar ausgezahlt: 20 Mark pro Tag, dazu die Antrittsprämie von 1500 Mark. Um den sportlichen Ehrgeiz noch irgendwie aufrecht zu erhalten, lobt der Verband sogar noch eine Siegprämie aus: 70 000 Mark für die 14 Spieler, die trotz der politischen Wirren noch einmal für die Fahne mit Hammer und Sichel antreten.

»Schon mit 16«, so Sammer, »wurde uns eingeimpft, dass wir ein Kribbeln zu spüren haben, wenn die Nationalhymne ertönt. Ich habe dieses Kribbeln nie gespürt.« Auch jetzt nicht, erst recht jetzt nicht bei diesem historischen Spiel in Brüssel. Aber seine Freundin Karin ist aus Stuttgart angereist, VfB-Manager Dieter Hoeneß ist gekommen, neue Freunde sitzen auf der Tribüne. Und als Eduard Geyer ihn zum Kapitän macht, ist für ihn klar, was er zu tun hat: Leistung bringen, das Beste geben.

Der zusammengewürfelte Haufen schafft die Sensation. Gegen die hoch gelobten Belgier gewinnt die DDR-Auswahl mit 2:0. Beide Tore schießt Matthias Sammer.

Das 1:0 in der 74. Minute ist zugleich der 500. Treffer für den DFV. In der 89. Minute krönt Sammer seine überragende Leistung mit dem Tor zum 2:0.

Und er schreibt damit Fußballgeschichte: Der letzte Kapitän und letzte Torschütze in der 50-jährigen Geschichte des DFV, des Fußball-Verbandes der DDR.

Der Einzug in Remseck

SCHAUPLATZ: EIN EINFAMILIENHAUS IN REMSECK-NECKARGRÖNINGEN
DATUM: 10. JULI 1990

Sie hat es sich bequem gemacht. Ein Kissen für den Kopf, die Beine aufs Sofa und die Knie eingerollt. Sie wartet. Sie schaltet den Fernseher ein und wartet weiter. Das TV-Gerät der japanischen Marke Sanyo ist das einzige Inventarstück, welches nicht ihr gehört, sondern er mitgebracht hat aus Dresden. Sie starrt also auf seinen Bildschirm und wartet immer noch. Sie will sich entschuldigen, will erklären und legt sich die Worte zurecht, mit denen sie für Aufklärung sorgen will. Aber er kommt nicht. Es ist nicht mehr ihre Wohnung, aber sie hat noch den Schlüssel. Es war mal ihre, jetzt ist es seine. Irgendwann, als das Warten zu lange wird, fallen ihr die Augen zu. Und irgendwann – sie merkt es gar nicht – kommt er nach Hause. Sicher verwundert, wer sich da auf dem Sofa zusammenkauert, aber ohne spürbare Reaktion. Er schaltet den Fernseher aus und geht ins Bett.

Die Vögel wecken Karin. Es ist sechs Uhr und sie muss zur Arbeit. Erschrocken reibt sie sich die Augen, für einen Moment ist sie orientierungslos. Dann fällt es ihr siedend heiß wieder ein: Sie ist in seiner Wohnung, in der sie mal zu Hause war und jetzt er. Sie will sich leise davon schleichen, eine Hausnummer weiter. Aber er wird wach.

»Schlaf weiter«, sagt sie, aber er fragt zurück:

»Was ist? Sollen wir reden?«

»Nein, nein, ich muss zur Arbeit.«

Er: »Wieso hast Du auf mich gewartet?«

Sie: »Weil ich Dir was erklären muss.«

Hastig ergreift sie die Flucht, fühlt sich unwohl als Eindringling in der Junggesellenbude, in der immer noch ihre Möbel stehen. Sie verabreden sich für den Abend.

Die Geschichte von Karin und Matthias, vom Ehepaar Sammer, begann ungewöhnlich. Gerade um die Anfänge rankten sich die wildesten Gerüchte. Da hieß es doch glatt, sie habe sich absichtlich schwängern lassen, um sich den Goldfisch des VfB zu angeln und seine Millionen. Doch die Story von Karin und Matthias ist eine ganz ungewöhnliche Liebesgeschichte.

Es fing an mit ihrem Onkel. Armin Rücker ist Amateur- und Jugendtrainer beim VfB. Als Dieter Hoeneß den dicken Fisch aus dem Osten an Land gezogen hat, möchte der eine Wohnung mit Familienanschluss. Am liebsten möbliert. Matthias Sammer, gerade 22 Jahre alt, kommt nicht nur aus dem Osten, sondern direkt von zu Hause. Von Mamas Herd sozusagen. Beim VfB also tagt der Familienrat. Und Armin Rücker hebt die Hand: Ich kann da eine Wohnung besorgen. Sein Bruder nämlich, Karins Vater, ist Immobilienmakler und besitzt in Remseck-Neckargröningen nicht nur ein schmuckes Einfamilienhaus in Haus Nummer 9, sondern auch noch Wohnungen in Haus Nummer 7. Und so kommt es, dass Papa Rücker eines Tages seine gerade von Liebeskummer geplagte Tochter zu sich ruft und fragt: »Karin, kannst Du nicht bei uns in die

Einliegerwohnung ziehen und Deine Wohnung räumen?«

Klar konnte sie. Aber von diesem Tag an hatte sie ein Feindbild: Matthias Sammer. Dieser dahergelaufene Ossi, der sich für etwas Besonderes hielt, nur weil er für den VfB Fußball spielte, hatte ihr die Wohnung weggenommen. Einfach so, mir nichts, dir nichts. Und plötzlich war sie draußen.

Die Rückers nehmen den Familienanschluss absolut wörtlich. Nicht Karin, die den Ossi-Promi nach wie vor für einen unliebsamen Eindringling hält, vielmehr ist es ihre Mutter, die den Fußballprofi bekocht, umsorgt und zu Fernsehabenden ins Nachbarhaus bittet. Praktisch, dass die Gärten aneinander grenzen und so auf unkomplizierte Art und Weise der Nachbarschaftsverkehr aufblüht. Karin, die als Kosmetikerin einen anstrengenden Zwölf-Stunden-Tag zu bewältigen hat, ist eher genervt ob dieser Fürsorglichkeit. Die hätte sie sich lieber für sich selbst gewünscht. Entsprechend starrköpfig reagiert sie auf alle elterlichen Aussöhnungsversuche zwecks gut nachbarschaftlicher Beziehungen.

Eines Tages arrangierte die Mutter einen Familienausflug, eine Bootsfahrt auf dem Neckar. »Karin, Du kommst auch mit«, herrschte sie ihre Tochter an. Die aber, erneut starrköpfig, hatte nun wahrlich keine Lust, ihre kostbare Freizeit mit ihren Eltern und einem Störenfried zu verbringen. Erst nach langen familiären Überredungskünsten ließ sie sich auf diese Exkursion ein. »Okay, dann komm ich eben mit.«

Direkt von der Arbeit wollte sie zum Bootsanleger durchstarten – genauso wie Matthias direkt vom Training. Aber wer nicht kam, war Karin. Mit einer Freundin hatte sie sich verquasselt, war dann eilends zum Schiffsanleger gerast, hatte aber den Termin verpasst. Und nun saß sie in seiner/ihrer Wohnung und wartete auf seine Rückkehr. Nur um ihm zu erklären, dass es keine Absicht war, ihn zu versetzen, dass sie ihn nicht brüskieren wollte und er nicht den Eindruck haben solle, sie hätte etwas gegen ihn. Über all diesen Gedanken war sie übermüdet eingeschlafen.

Der Tag danach. »Okay, ich hole Dich nach meiner Arbeit vom Training ab.« So hatte sie sich von ihm verabschiedet. Wobei Karin in der morgendlichen Hektik entfallen war, dass sein Training viel früher beendet war als ihre Arbeit. Sie musste sich nach den Geschäftszeiten richten und konnte erst um 19 Uhr vor dem imposanten VfB-Klubhaus vorfahren. Matthias musste also stundenlang warten.

Denn zu der Zeit hatte er keinen Führerschein. Den hatte er ja in Dresden abgeben müssen, weil er es zu eilig hatte, in den Westen zu kommen. So ließ er sich entweder von Eike Immel, der in der Nachbarschaft wohnte, zum Training abholen oder fuhr mit Günter Schäfer, der ebenfalls nicht weit entfernt sein Eigenheim hatte, den Weg zurück. Jetzt aber blieb ihm nichts anderes übrig als zu warten. Karin: »Er hat mir nie gesagt, was er die Stunden gemacht hat. Ich glaube sogar, an dem Tag hatte der VfB nur einmal Training. Anschließend Massage und dann? Auf jeden Fall kam er gleich gut gelaunt auf mich zu, als ich endlich mit heraushängender Zunge vor dem Klubhaus vorgefahren kam.«

Es war der Abend, an dem alles begann. Sie gingen zum Italiener essen. Und quatschten sich alles von der Seele. Ohne giftige Starrköpfigkeit, ohne ironische Spitzen, ohne zynische Zwischentöne. Karins Nichterscheinen zur ankündigten Bootspartie war da noch das kleinste Problem und am schnellsten abgehandelt. Sie redeten über ihre Probleme, ihre Vergangenheit und auch schon ein klein wenig über die Zukunft.

Später, viel später taxierte Karin das Datum der Gemeinsamkeit auf den 13. August. »Seit dem Tag sind wir zusammen.« Sechs spannende Wochen lagen also zwischen dem Einzug in Remseck-Neckargröningen und dem Beginn einer Liebesbeziehung, die drei Jahre später vor dem Standesbeamten auch offiziell und urkundlich vollzogen wurde. Mit dem Heiraten hatten sie es beide nicht so eilig.

Und das, obwohl sich schon bald der erste Nachwuchs anmeldete. Tochter Sarah wird am 25. September 1991 geboren. Kein Wunder, dass da schnell das Gerücht von der einseitig gewollten Schwangerschaft entstand und davon, dass sich die Rücker-Tochter hinterrücks den kleinen Goldfisch aus dem Osten an Land gezogen hätte.

Doch Karin und Matthias haben längst viele Eheklippen umschifft. Haben neben sich erlebt, wie viele Sportlerehen auseinander brachen. Die von Jürgen Kohler zum Beispiel oder die von Christoph Daum. Nicht mal einen Ehevertrag haben sie aufgesetzt. »Brauchen wir nicht«, sagt er. Eine ihrer Bedingungen bei den ersten Zusammenkünften lautete: »Bitte, halte mich aus der Öffentlichkeit raus.« Höchst selten nur, dass sie Interviews gibt.

Sie ist die Haushalts-Chefin und bezeichnet sich selbst als Frau mit 326 Berufen. Das hat sie, die staatlich anerkannte Kosmetikerin, in der Zeitung über den Job als Hausfrau gelesen. Sie managt den Haushalt, führt die Termine, kümmert sich um Buchhaltung und Steuer und hat sich inzwischen zu Hause sogar einen PC hingestellt, um Ordnung im Privatleben zu halten. Sie sagt: »Matthias ist einfach anders erzogen als die Männer im Westen. Er hat mehr Achtung vor seinem Partner. Er war der erste Mensch, der sich bemüht hat, mich wirklich zu verstehen.«

Und sie verstehen sich gut.

Im Juli 1993 haben sie in Dresden geheiratet. Heimlich in der Sommerpause. Aber die Erinnerung an die Nacht in Sammers Junggesellenbude ist bis heute geblieben. Nicht nur, wenn Karin ihre Eltern besucht. In dem Haus, in dem alles begann, haben sie sich das Dachgeschoss ausgebaut. 130 Quadratmeter mit zwei Kinderzimmern. Es ist bis heute ihr Zweitwohnsitz nahe Stuttgart.

Fotos lügen nicht

SCHAUPLATZ: PIAZZA DELLA REPUBBLICA IN MAILAND
DATUM: 15. JULI 1992

Dunkelblaues Sakko, hellblaues Hemd, gestreifte Krawatte, graue Flanellhose – Matthias Sammer trägt erstmals den neuen Inter-Einheitslook.

Der Mannschaftsbus, von einer Polizei-Eskorte angeführt, bahnt sich im Höllentempo den Weg durch die Mailänder Innenstadt. Vom Treffpunkt, dem Brun-Hotel nahe dem San-Siro-Stadion, bis ins Hotel Principe de Savoia an der Piazza della Repubblica. Hierher hat Präsident Ernesto Pelligrini Sponsoren und Journalisten eingeladen, um seine neue Mannschaft zu präsentieren. Und draußen stehen die Fans, johlen, grölen, brüllen die Namen ihrer Stars. »Zenga! Zenga!« Immer wieder rufen sie den Namen ihrer Torwart-Legende. 3000 sind gekommen, stehen bei 35 Grad Hitze vor dem Hotel und warten, bis ihre Idole endlich den Balkon betreten. Zenga zeigt sich – und die Lautstärke steigt. Lothar Matthäus kommt – und der Jubel wird zum Orkan. Der verletzte Mittelfeldstar kann nach seinem Kreuzbandriss noch nicht wieder trainieren und fehlt seiner Mannschaft nun schon ein halbes Jahr. Vielleicht hat Inter auch deshalb keine Rolle gespielt im Kampf um die Meisterschaft und landete nur auf Platz 7, noch nicht einmal auf einem UEFA-Cup-Rang.

Deshalb hat Präsident Pelligrini wieder einmal zugeschlagen auf dem Transfermarkt. Hat Brehme ziehen lassen nach Saragossa/Spanien und will auch Jürgen Klinsmann ausrangieren, obwohl dessen Vertrag noch zwei Jahre läuft. Klinsmann fehlt bei dieser Präsentation – er verhandelt gerade in Frankreich. Dafür sind alle Neuen da: Ruben Sousa, der Dribbler aus Uruguay, von Lazio Rom mit der Empfehlung von vierzehn Saisontoren gekommen, der Russe Igor Shalimov, der schon bei Foggia Erfahrungen in der italienischen Liga sammelte, der Jugoslawe Pancev von Roter Stern Belgrad, gerade Torschützenkönig in Europa geworden – und Matthias Sammer, der Rotschopf aus Deutschland. »Campione Germania«, erwähnt Pelligrini lobend, als er ihn Fans und Sponsoren vorstellt. Und: »Vicecampione Europa.«

Ein deutsches Reporterteam verfolgt das Szenario von Mailand. Der Fotograf bannt die Begrüßung auf seinen Film. Sammer mit Matthäus, mit Pelligrini, im Kreis der Neuen und allein auf dem Balkon des Savoy-Hotels mitten in der Mailänder City. Nach der Rückkehr, als die Bilder entwickelt sind, stürzt sich die ganze Redaktion auf das Fotomaterial aus Mailand. Da ist zwar nur ein schüchternes Lächeln auf Sammers Lippen zu erkennen, im Hintergrund aber euphorisch jubelnde Tifosi. »Dieses Foto ist eine Lüge«, poltert der Chefredakteur, weil die Stimmung in Deutschland nach den nicht gerade berauschenden Auftritten bei der Europameisterschaft in Schweden nicht nach euphorischen Fotos aus Mailand schreit. Seine Serie hat der gewichtige Chef einer ebenso gewichtigen Sportzeitschrift »O Kohle Mio« genannt und wollte nun noch den letzten Beweis dafür, dass das italienische Geld den deutschen Charakter versaut.

Aber: Dieses Foto lügt nicht. Die Tifosi schwenkten tat-

sächlich deutsche Fahnen und begrüßten den Neuen aus Stuttgart mit der gebührenden Höflichkeit. Nicht unbedingt überschwänglich, aber doch mit Sympathien. Jetzt ist er einer von ihnen. Und mit ihm verbindet sich die Hoffnung auf eine bessere Zukunft, vielleicht auf die Meisterschaft.

Natürlich spielte das Geld auch beim Wechsel von Matthias Sammer die Hauptrolle. Aber weniger für ihn als für den VfB Stuttgart. Die Schwaben kassierten satte zwölf Millionen Mark Ablöse für den Mittelfeldmann. Eine Summe, die dringend zur Haushaltsdeckung benötigt wurde. Schon im letzten Jahr hatte der VfB gegen die Auflagen verstoßen, mit denen der DFB die Lizenzerteilung koppelt. Die Transferüberschüsse in Höhe von 2,5 Millionen Mark wurden nicht erwirtschaftet.

Italien war zu der Zeit, viel mehr als heute, das Land, wo für Fußballer Milch und Honig floss. Die besten Spieler der Welt kamen im Sog der WM 1990 auf den Apennin. Gullit, van Basten und Rijkaard spielten für den AC Mailand, mit Matthäus, Brehme und Klinsmann war Inter Mailand italienischer Meister und UEFA-Cup-Gewinner geworden. Beim SSC Neapel stürmte Diego Armando Maradona, der vielleicht beste Fußballer der Welt. Der AC Florenz sicherte sich die Dienste von Stefan Effenberg, Andreas Möller und Jürgen Kohler wechselten zu Juventus Turin, und Rudi Völler stürmte immer noch für den AS Rom.

Weil Inter Mailand seine größten Erfolge mit den Deutschen gefeiert hatte, setzte Präsident Pelligrini weiter auf »Tedesci«. Auch deshalb hatte sich Sammer für Inter entschieden.

Sammer selbst erklärte es einmal so. »Jeder Fußballer in der ganzen Welt träumt wohl von Italien. Nur ich nicht. Mein Traum war immer die Bundesliga, nichts anderes. Weil ich gut spielte, entstand plötzlich ein Automatismus. Alle möglichen Leute drehten an diesem Ding. Ob mir das selber gerade in den Kram passte oder nicht, danach fragte keiner.« In der pekuniären Welt der Fußball-Bundesliga lief Sammer mit diesen Gedanken gegen eine Wand. Aber er wollte wirklich nicht über den Brenner wechseln. Für ihn war das Gehalt, das er bei den Schwaben in Stuttgart verdiente, im Vergleich zu der Bezahlung in der DDR schon paradiesisch hoch. Seine Sehnsucht hieß nicht Inter, nicht Italien, nicht Serie A. Dementsprechend widerwillig nahm er seinen Dienst in Mailand auf.

Ein Jahr zuvor noch hatte er sich gegen den Verkauf nach Mailand erfolgreich wehren können. Denn alles begann schon am 30. Oktober 1990, nur drei Monate nach seinem Wechsel von Dresden nach Stuttgart.

Wolfgang Karnath, der den Transfer zum VfB eingefädelt hatte, sein Finanzberater Gläser und Sammer trafen sich in einem Stuttgarter Hotelzimmer. Zwei Stunden lang wurde Sammer bearbeitet, einem Wechsel nach Italien zuzustimmen. Er ließ sich schließlich überreden, dass seine Berater den Markt in Italien sondieren können.

Das nächste Treffen fand nur vier Monate später statt. Diesmal war alles viel konkreter. Inter schickte seinen Sportdirektor Paolo Giuliani und Manager Giancarlo Beltrami nach Stuttgart. Es war die erste Kontaktaufnahme mit dem VfB. Dieter Hoeneß, der Manager an der Seite von Gerhard Mayer-Vorfelder, führte die Gespräche und forderte eine Ablösesumme von zwölf Millionen Mark. Gerade drei Monate war es her, dass der VfB 3,5 Millionen Mark an Dynamo Dresden gezahlt hatte. Eine Wertsteigerung also, die sich sehen lassen konnte. Die Sitzung wurde vertagt, ein nächstes Treffen in Mailand arrangiert.

Dieter Hoeneß nahm seine Frau Gisela mit in die norditalienische Metropole. Die verabredete sich mit Silvia Matthäus zum Shoppen in den weltberühmten Einkaufspassagen, während ihr Mann um die Millionen feilschte. An diesem Abend wurde der Transfer per Handschlag besiegelt – über den Kopf von Sammer hinweg: Man einigt sich auf eine Ablösesumme von zehn Millionen Mark.

Jetzt galt es nur noch, Matthias umzustimmen. Also fand das nächste Treffen in seiner Wohnung in Remseck statt. Und alle kamen: Giuliani und Beltrami, Karnath und Hoeneß. Doch Sammer erbat sich Bedenkzeit. »Ich wollte mir nicht schon nach ein paar Monaten meinen Traum von der Bundesliga kaputtmachen lassen«, sagte er später und schob fadenscheinige Argumente vor: Seine Freundin sei schwanger und er habe sich gerade erst in Stuttgart ein Mehrfamilienhaus gekauft.

Die Treffen blieben natürlich alle geheim. Öffentlich wurde dagegen die Vertragsverlängerung mit Stuttgart: Am 31. Mai unterzeichnete Sammer einen neuen Vertrag mit den Schwaben bis 1994. Unmittelbar davor hatte er den Italienern abgesagt, »weil ich gar keine Beziehung zu Land und Leuten habe. Wenn nur das Geld eine Rolle gespielt hätte, hätte ich zu Fuß über die Alpen laufen müssen.« Damit der VfB aber weiterhin eine Millionen-Ablöse fordern konnte, wurde der Vertrag verlängert. Und beinhaltete natürlich eine satte Gehaltserhöhung für den inzwischen zum Star aufgestiegenen Mittelfeldspieler.

Es gab aber auch noch einen anderen Grund, warum Sammer zu verhindern versuchte, schon im Sommer 1991 nach Mailand wechseln zu müssen. Dort standen die drei Deutschen Matthäus, Brehme und Klinsmann unter Vertrag. Und in Italien galt die Regel, dass nur drei Ausländer eingesetzt werden dürfen. Da Klinsmann sich eine Stammplatz-Garantie schriftlich in seinen Vertrag hatte aufsetzen lassen, Matthäus als Dampfmacher im Mittelfeld und Weltfußballer des Jahres 1991 unumstritten war, hätte er Andreas Brehme den Platz wegnehmen müssen. Inter hätte den Weltmeister abschieben müssen, nur um Platz für Sammer zu schaffen. Sammer: »Mit einem wie Andy, mit dem ich in der Nationalelf zusammenspiele, wollte ich so etwas nicht machen.«

Als die ersten Kontakte entstanden, hieß der Trainer bei Inter Giovanni Trapattoni. Als im Sommer 1991, natürlich erst nach der Vertragsverlängerung in Stuttgart, der Kontrakt endgültig unterschrieben wurde, war Orrico der Chefcoach. Als Sammer im Sommer 1992 endlich in Mailand anheuerte, war schon wieder ein neuer Trainer im Amt. Sein Name: Osvaldo Bagnoli.

Sammer in Mailand – eigentlich war alles von Anfang an ein großes Missverständnis. Er hatte kein Italienisch gelernt, weil er sich in einem Klub der Deutschen glaubte. Aber Brehme war weg, Klinsmann flüchtete Hals über Kopf nach Monaco und Matthäus kam nicht mehr auf die Beine. Zwar dolmetschte Matthäus an jenem ersten Tag im Savoy-Hotel für Sammer, doch verzog er sich anschließend in die Berge von Crans Montana in der Schweiz und arbeitete heimlich an seinem Comeback. Weil für Inter verletzte Spieler nicht zählen, weil sich kein Offizieller, kein Manager, Trainer oder Präsident um Spieler kümmert, die nicht auf dem Rasen stehen können, wechselte Matthäus sichtlich enttäuscht zurück nach München. Im September wurde der Sensations-Transfer perfekt gemacht – und Sammer blieb allein in Mailand zurück.

Er hatte die 100-Quadratmeter-Wohnung von Jürgen Klinsmann übernommen, lebte in den vier Zimmern in Cernobbio, direkt am Comer See und an der Grenze zur Schweiz. Doch Augen für die herrliche Landschaft hatte er nicht. Dieter Hoeneß, der sich nicht nur als VfB-Manager um ihn kümmerte, sondern auch zu einem väterlichen Freund und persönlichen Berater wurde, hatte ihn mit den Worten verabschiedet: »Du kannst nicht davon ausgehen, dass wir Dich zurückholen. Wir wissen nicht, was Inter fordert, ob wir sechs bis acht Millionen Mark zahlen können.« Bei diesem letzten gemeinsamen Abendessen, an dem auch Christoph Daum teilnahm, stürzte sich Sammer nicht wie jeder andere auf die schmackhaften italienischen Speisen, auf Carpaccio oder Spaghetti vongole – nein, Mutters Hausmannskost hätte er auch hier den Vorzug gegeben.

Sammer allein in Mailand. Von Kapitän Bergomi ließ er sich des öfteren im Auto mitnehmen. Während des Trainingslagers teilte er das Zimmer mit dem Jugoslawen Pancev. An »Toto« Scilacchi, den Stürmer mit den großen brauen Augen, hatte besonders seine Tochter Sarah Spaß, weil »Toto« nur Blödsinn im Kopf hatte.

Wenn er die Sammers in Cernobbio besuchen kam, wies Sammers Mercedes anschließend stets ein paar neue Dellen auf. »Toto« parkte eben auf italienisch ein, machte sich die Parklücke passend, indem er die Autos davor und dahinter ein wenig zur Seite schubste. Typisch Italien: Sein Mercedes 200 E wurde ihm sogar von seinem eigenen Grundstück geklaut. »Danach fühlte ich mich wirklich nicht mehr sicher.«

Aber dann war da noch »Fausto«, der Wirt, der elf Jahre lang in Deutschland gejobbt hatte und als »Mädchen für alles« herhalten musste. Hier fehlte eine Lampe, dort ein Behördengang – Fausto war stets zur Stelle. Weil er auch mit Fausto nur deutsch sprach, machte sein Italienisch keine Fortschritte. Es blieb bei den paar Brocken, die ihm eine Sprachlehrerin in Stuttgart eingepaukt hatte. So dass auch hier Kritik aus den Reihen der Verantwortlichen aufkam. Verteidiger Ricardo Ferri, von SAT.1-Reporter Hansi Müller zu Sammer befragt, sagte es so: »Matthias hat mit nichts etwas am Hut. Schläft viel und schaut Fernsehen – die deutschen Kanäle natürlich.«

Auf dem Spielfeld war ihm nichts vorzuwerfen. Trainer Bagnoli hatte ihn gleich zu Beginn im Trainingslager Cavalese in den Dolomiten zur Seite genommen und ihm sein taktisches Konzept präsentiert. Da Bagnoli Sammer nur von Videokassetten kannte, ihn nie hatte live spielen sehen, fragte er Sammer nach seiner Lieblingsposition. Sammer entschied sich für das linke Mittelfeld.

Schon im dritten Spiel, beim 2:1 in Neapel, glänzte Sammer erstmals als Torschütze. Drei Tore waren es nach sechs Spieltagen. Doch dann kam der Bruch. Grund war die Ausländerregelung: Als sich »Toto« Scilacchi, der Torschützenkönig der WM 1990, das Bein brach, stellte Trainer Bagnoli den Jugoslawen Pancev neben Ruben Sousa in den Angriff – und Sammer war draußen.

Was er auch tat, Bagnoli ließ ihn links liegen. Sammer trainierte wie ein Besessener – und saß doch nur auf der Tribüne. Er suchte die Aussprache mit Präsident Pelligrini, der ihm glaubhaft versicherte: »Matthias, wir brauchen Sie.« Trotzdem war er am nächsten Sonntag wieder nicht dabei. Und von Woche zu Woche stieg der Frust.

Am 18. November spielte Deutschland in Nürnberg gegen Österreich. Die Nationalelf hatte sich im Hotel Forsthaus in Fürth einquartiert. Hier fand gleichzeitig die Tagung der Bundesliga-Manager statt. Michael Meier, der verlängerte Arm von Dortmunds Präsident Dr. Gerd Niebaum, zog Sammer zur Seite und fragte ihn: »Hätten Sie Lust, für Dortmund zu spielen?« So wurde einer der sensationellsten Transfers der Bundesliga eingefädelt.

Vor und nach diesem Länderspiel trainierte Sammer beim VfB Stuttgart. Die Wohnung in Remseck hatte er vorsorglich behalten. Hier konferierte er auch mit Manager Dieter Hoeneß über seine Wechselgedanken. Der erklärte ihm: »Natürlich hätten wir Dich gerne zurück.«

Der VfB hatte sich in den Vertrag mit Inter ein Rückkaufrecht festschreiben lassen. Dieter Hoeneß klingelte nur ein paar Tage später bei dem neuen Inter-Manager Boschi an, wurde allerdings barsch abgewiesen: »Wir verkaufen nicht.«

Sammer selbst war es schließlich, der die Sache in die Hand nahm und sich seinem neuen Berater Wolfgang

Vöge anvertraute. Vöge, früher Bundesligaspieler in Dortmund und Leverkusen, jetzt mit einer Sportagentur in Winterthur in der Schweiz ansässig, erreichte endlich nach Weihnachten Gesprächsbereitschaft bei den Italienern. Das Pokerspiel begann.

Es mischten viele mit bei diesem Deal. Der VfB Stuttgart, der auf seinem Rückkaufrecht beharrte, aber aus Finanznot nie ein offizielles Angebot abgab. Noch am 14. Januar erklärte Dieter Hoeneß: »Wir wollen Dich zurückholen.«

Auch der AS Rom, im UEFA Cup Viertelfinal-Gegner von Borussia Dortmund, soll sich eingeschaltet haben – um zu verhindern, dass der Transfer vor dem 15. Januar über die Bühne ging. Dieses Datum war entscheidend für die Spielberechtigung im Europacup. Angeblich soll Rom sogar eine entsprechende Ausgleichszahlung an Inter überwiesen haben. Denn der Transfer zog sich in die Länge.

Wie anders ist es zu erklären, dass am 15. Januar Trainer Bagnoli zu Sammer sagte: »Ich kann Dir keine Freigabe geben, am Sonntag gegen Parma brauche ich Dich.« Trotzdem saß Sammer natürlich auch gegen Parma nur auf der Bank. Sammer rückblickend: »Es war die letzte Verarschung in Mailand.«

Nachdem das Ultimatum verstrichen war, hatte Borussia zwar das Angebot um eine Million Mark reduziert, aber so weiter ernstes Interesse bekundet. Sammer fühlte sich wie in einem goldenen Käfig und wollte nur noch weg.

Am 27. Januar 1993 wurde der Transfer endlich perfekt – und zu einem Geschäft für alle Seiten. 8,8 Milliarden Lire hatte Inter an den VfB Stuttgart bezahlt –

und erhielt jetzt 9,3 Milliarden Lire zurück. Weil die Lira inzwischen um 17 Prozent abgewertet worden war, zahlte Dortmund aber nur noch neun Millionen Mark. Und auch Sammer ließ sich das unerfreuliche Gastspiel bei Inter bezahlen. Neben dem Gehalt von 900 000 Mark netto durfte er auch die 600 000 Mark Handgeld behalten und ließ sich den Auflösungsvertrag noch einmal mit 400 000 Mark versüßen – alles netto, versteht sich.

Doch die Rückkehr von Sammer wurde in Deutschland zu einem Politikum. Der damals teuerste Transfer der Bundesligageschichte fiel ausgerechnet in die schlagzeilenarme Winterpause. Geschürt vom enttäuschten VfB Stuttgart und dessen Präsidenten Gerhard Mayer-Vorfelder (»Wir wollen keine italienischen Verhältnisse«), die gegenüber ihren Fans in Erklärungsnotstand gerieten, weil Sammer plötzlich in Dortmund und nicht in Stuttgart spielte, kamen Gehaltszahlen in die Öffentlichkeit. Daraufhin gab es Neid und Missgunst von allen Seiten, auch von seinen neuen Berufskollegen in Dortmund. »Wenn Chappi drei Millionen Mark verdient, ist das in Ordnung. Aber für einen, der in Italien gescheitert ist …« So ließ sich Abwehrspieler Michael Schulz vernehmen. Selbst Kapitän Michael Zorc meldete vorsichtige Zweifel an: »Der Vorstand sollte auf eine gewisse Gehaltshygiene achten.«

Ausgerechnet Dortmund. Hier, im Revier, hatten die Arbeitslosenzahlen astronomische Höhen erreicht. Die Quote war auf über zehn Prozent geklettert. Und hier war der Stellenwert von Fußball-Malochern schon immer höher als anderswo. Wie also würde das sicherlich fachkundige Publikum in Westfalen reagieren? »Wenn die Leistung stimmt, fragt keiner mehr nach dem Gehalt«, entschied Trainer Ottmar Hitzfeld barsch. Wirklich?

Erstmals trat Sammer ausgerechnet in München an. Dort gipfelte der Neid in einem riesigen Pfeifkonzert aus 10 600 Kehlen beim Hallen-Masters-Turnier. Nur ein paar Tage später das mit Inter verabredete Ablösespiel in Dortmund. Doch die Borussen-Fans reagierten mit Stolz, dass der teuerste Spieler der Bundesliga ausgerechnet ihre schwarz-gelbe Kleidung trug. Stürmischer Beifall, als er aus der Kabine auf den Rasen lief. »Da bekam ich eine Gänsehaut«, gestand Sammer später. Mit 4:0 fegte Borussia Italiens Tabellen-Zweiten vom Feld, durch die Tore von Povlsen (2), Chapuisat und Sippel. Der überragende Mann aber hieß Matthias Sammer. Er zelebrierte Fußball wie aus dem Lehrbuch. Er harmonierte sofort mit Michael Rummenigge, wo doch jeder Zoff vermutet hatte. Noch für den VfB hatte Sammer nämlich mal eine Rote Karte für Dortmunds Mittelfeldspieler zu provozieren versucht, was im Vorfeld des Transfers schlagzeilenträchtig aufgewärmt worden war.

Es war nicht das letzte Mal, dass Inter den Verlust von Sammer bereut haben dürfte. Und die Kritik in Dortmund verstummte schon nach dem ersten Rückrunden-Spieltag gegen Bochum. Den Siegtreffer zum 1:0 markierte kein anderer als Matthias Sammer mit einem direkt verwandelten Freistoß.

Der Strandspaziergang

SCHAUPLATZ: MIAMI BEACH
DATUM: 14. DEZEMBER 1993

In Florida ist Hochsaison. Der Himmel klar, keine Wolke zu sehen. Die Temperatur ist angenehm. Schon morgens um zehn Uhr zeigt das Thermometer 22 Grad Celsius. Eine leichte Brise weht vom Meer herüber in den herrlichen Garten des Hotels Ambassador. Hier hat Berti Vogts schon des öfteren Urlaub gemacht. Und dieses Hotel hat DFB-Reisemarschall Wolfgang Wirthmann auch jetzt wieder ausgesucht.

Morgen steht das erste von drei Länderspielen auf amerikanischem Boden auf dem Programm, das Berti Vogts abgeschlossen hat. Es dient der Vorbereitung auf die WM in den USA. Und der Gegner ist kein geringerer als der Finalgegner von 1990, Argentinien. Gleich nach dem Frühstück kommt Berti Vogts zu Matthias Sammer und fragt: »Können wir gleich mal reden?« Und sie schlendern den weißen, kilometerlangen Sandstrand von Miami Beach entlang.

Es geht nicht um das Spiel und nicht um seine Position. Sie reden über Fußball im Allgemeinen, über Sammers Situation in der Nationalmannschaft im Besonderen. Sie quatschen über Gott und die Welt. Über die DDR, über die Bundesliga, über die Medienlandschaft und wieder über Fußball. Später hat Sammer es mal so formuliert: »Da habe ich zum erstenmal den Menschen Vogts kennen gelernt. Einen gescheiten und bescheidenen Menschen.«

Es war der Tag der Wende in der Beziehung zwischen Sammer und Vogts, Vogts und Sammer. Denn Sammer sagte später auch einmal: »Ich war es nicht gewohnt, auf den Trainer zuzugehen, mit ihm zu diskutieren. Das hatte ich nicht gelernt. Dass ein Trainer solche Einzelgespräche führt, kannte ich doch überhaupt nicht. Es galt nur das Kollektiv.« An diesem Tag schlossen sie Frieden – und beendeten ein Verhältnis, das drei Jahre lang geprägt war von Missverständnissen mit Störfeuern von beiden Seiten.

Ungewöhnlich wie diese Aussprache war auch die erste Begegnung des Fußballers mit seinem Trainer gewesen. Es war im Oktober 1987 auf dem Rückflug von der U-20-WM aus Chile. Die FIFA hatte für beide deutsche Mannschaften, die des DFB und die des DFV, den gleichen Flug gebucht. Gerade hatte Berti Vogts einen seiner größten Erfolge als Jugendtrainer gefeiert, war Vizeweltmeister geworden. In seiner Elf, die im Finale erst nach Elfmeterschießen gegen Jugoslawien verloren hatte, standen mit Andreas Möller, Marcel Witeczek und Knut Reinhardt spätere Bundesliga-Stars. Die DFV-Auswahl hatte Platz drei belegt.

Sammer und Vogts trafen sich in der Bordküche. Stundenlang unterhielten sie sich über Fußball. Sammer erinnert sich: »Unser Trainer Vogel hat uns damals böse gerügt, weil wir im Flugzeug das ganze Bier wegsoffen, während die BRD-Spieler vorne schliefen. Das sind Profis, sagte er damals zu uns.«

Als sich dann die Grenze öffnete, war Sammer wie selbstverständlich der erste Ost-Profi, den Vogts in das gesamtdeutsche Team berief. Und Sammer glaubte, in Vogts einen Vertrauten und Verbündeten zu haben. Auch in den nächsten drei Länderspielen gegen die Sowjetunion in Frankfurt, im wichtigen EM-Qualifikationsspiel gegen Belgien in Hannover und in Cardiff gegen Wales stand Sammer in der Anfangsformation. Aber nach der Niederlage in Wales, als nach dem Platzverweis von Berthold Ian Rush das 1:0 erzielte, war Sammer nur sieben Minuten später draußen. Er fühlte sich so zum Sündenbock gestempelt – ausgerechnet von Vogts, in dem er einen Fürsprecher zu haben glaubte.

Während Sammer im Trikot des VfB Stuttgart eine Galavorstellung nach der anderen ablieferte, hatte er in der Nationalmannschaft bisher nicht überzeugt. Er hatte sich brav eingeordnet in das mit Weltmeistern gespickte Team, in dem Matthäus, Völler und Brehme den Ton angaben. Vogts hatte sich bemüht, die Stars aus dem Osten zu integrieren. Er legte Sammer in ein Zimmer mit Matthäus. »Dass sich so ein Weltstar wie Lothar mit mir auseinander setzt, das hat mich fasziniert«, diktierte Sammer nach seinem Debüt im gesamtdeutschen Team in die Journalisten-Blöcke. Ein Satz, der aber auch zeigt, dass er sich nicht gleichgestellt fühlte, sondern voller Respekt zu den Stars aufblickte, die etwas erreicht hatten, wovon bislang kein DDR-Fußballer auch nur zu träumen wagte: Sie waren Weltmeister.

Während er sich im Verein längst durchgesetzt hatte, durch Leistung und Tore Woche für Woche überzeugte, fühlte er sich in der Nationalelf noch als Außenseiter. Und er sagte für das nächste Länderspiel, das die Nationalmannschaft im September 1991 ins Londoner

Wembleystadion führte, einfach ab. Drei Tage später aber hatte er seine Verletzung auskuriert und lief für den VfB in Köln auf.

Der Bundestrainer hatte das Verhalten sehr wohl registriert und zog die Konsequenzen. Als im Oktober das Aufgebot für das entscheidende EM-Qualifikationsspiel gegen Wales bekannt gegeben wurde, fehlte der Name Sammer. Die lapidare Erklärung von Vogts: »Ihm fehlt Spielpraxis.« Höhepunkt der Missachtung: Vor dem Wales-Spiel stellte sich der Weltmeister noch in Augsburg einer Ausländerauswahl aus der Bundesliga, spielte für UNICEF und damit für einen guten Zweck. Als es für Vogts Absagen hagelte und er zu Nachnominierungen gezwungen war, entschied er sich für den Stuttgarter Frontzeck, aber nicht für Sammer. Der tobte im nur knapp 150 Kilometer entfernten Stuttgart: »Ich könnte alles kurz und klein schlagen, aber ich sage lieber nichts.« Sammer war nach nur vier Länderspielen ausgebremst.

Weder beim 4:1 gegen Wales noch beim 1:0 in Brüssel oder beim 4:0 gegen Luxemburg gehörte Sammer zur Siegermannschaft. Die letzten Stufen auf dem Weg zur EM-Endrunde nach Schweden wurden ohne ihn erklommen. Sammer reagierte mit Unverständnis: »Ich habe den Bundestrainer nicht angegriffen, aber ich hätte einen persönlichen Anruf erwartet.«

Vor der EM holte Vogts den Rotschopf aus Stuttgart doch noch zurück. Als bei Matthäus das Kreuzband riss, fehlte ihm der Kopf, der Antreiber, der Motivator und Kapitän. Beim ersten Spiel ohne Matthäus, am 22. April 1992 beim 1:1 in Prag, erhielt Sammer wieder eine Chance und wurde für Thom eingewechselt. Der Bundestrainer hatte ein Ausscheidungsrennen zwischen Sammer und Effenberg ausgeschrieben. Wer sich in den letzten drei Testspielen vor EM-Beginn durchsetzte, durfte auch bei der EM in Schweden spielen.

Als die EM am 12. Juni angepfiffen wurde, war Sammer wieder draußen. Effenberg erhielt den Vorzug im zentralen Mittelfeld. Aber das 1:1 gegen Russland, das Häßler mit einem verwandelten Freistoß in letzter Minute rettete, zeigte die Defizite im deutschen Spiel. Drei Tage später spielten Effenberg und Sammer. Aber Effenberg zählte beim 2:0 gegen Schottland zu den Torschützen und sammelte so Bonuspunkte. Und Sammer musste sich wieder in die Warteschleife verabschieden.

Gegen Holland kam er erst zum Einsatz, als Libero Binz die Nerven versagten und das DFB-Team schon zur Halbzeit hoffnungslos 0:2 hinten lag. Helmer übernahm den Libero-Part, Sammer rückte dafür ins Mittelfeld.

Später einmal sagte Vogts über die Europameisterschaft in Schweden: »Das Problem waren die Spieler aus dem Osten, die noch nicht integriert waren.« Doll, Thom und Sammer fühlten sich bei diesem ersten Turnier unter dem Bundestrainer Berti Vogts als Außenseiter. In Selbstironie ernannten sie sich zu den »Nackermännern der Nation« und machten Andreas Köpke, zu der Zeit hinter Illgner und Aumann noch Torwart Nummer drei, zu ihrem Kapitän. Sie fühlten sich ebenso wenig akzeptiert wie integriert.

Trotz wenig überzeugender Leistungen wurstelte sich Deutschland doch noch ins EM-Finale, weil die überraschend starken Dänen die favorisierten Holländer im Halbfinale geschlagen nach Hause geschickt hatten.

Als am 21. Juni in Göteborg das Finale angepfiffen wurde, stand Sammer in der Anfangsformation. Aber erneut musste er raus. Bei Halbzeit und beim Spielstand von 0:1 wurde er gegen Thomas Doll ausgetauscht. Deutschland verlor gegen den krassen Außenseiter Dänemark 0:2. Entsprechend war die Stimmung im Lande. Auf diese Vize-Europameisterschaft war keiner stolz.

In den Katakomben des Göteborger Ullievi-Stadions machte Sammer seinem Unmut Luft. So laut, dass auch Berti Vogts den Wutausbruch mitbekommen haben muss. Erst sein Vater, eigens zu diesem großen Spiel aus Dresden angereist, konnte seinen wutschnaubenden Sohn beruhigen und den Eklat verhindern.

Aber zwischen Sammer und Vogts begann eine neue Eiszeit. Sammer, inzwischen nach Italien und zu Inter Mailand gewechselt, fehlte bei der EM-Revanche gegen Dänemark in Kopenhagen und auch beim Spiel gegen Mexiko. Ausgerechnet hierher, in seine Heimat Dresden, für das erste Länderspiel auf Ost-Territorium, wurde er nicht eingeladen. Dabei traf ihn folgender Satz von Vogts bis ins Mark: »Ich weiß nicht, wie ich Matthias erreichen soll. Er hat beim DFB noch nicht einmal seine neue Telefonnummer hinterlassen.«

Natürlich nur ein Vorwand. Denn selbst der Kölner Stadtanzeiger schaffte, was Vogts nicht gelang. Er besorgte sich die Telefonnummer und bat Sammer zum Interview. Und der Mailänder ließ kräftig Luft ab: »Ich finde es unmöglich, wenn gesagt wird, wir baden nichts über die Presse aus und dann erfahre ich aus der Presse, dass ich nicht dabei bin. Zweitens steht in der Presse, dass der Bundestrainer von mir enttäuscht ist. Das Fairplay ist momentan nicht vorhanden.« Es schien der endgültige Bruch.

Zum Glück für ihn vollzog sich der Umbruch der Nationalmannschaft nicht ohne Probleme. Der Versuch mit Klinsmann im Mittelfeld (wie beim 2:1-Sieg in Kopenhagen) für die EM-Versager Sammer und Möller scheiterte. Und Matthäus, erstmals beim 1:1 gegen Mexiko wieder im Team, war nach seinem Kreuzbandriss noch nicht wieder in Form. Also flog Vogts nach Mailand und beobachtete Sammer und Möller im direkten Duell. Inter (mit Sammer) gewann das Spitzenspiel der italienischen Liga gegen den Möller-Klub Juventus Turin mit 3:1 – und beide trugen sich in die Torschützenliste ein. Das anschließende Gespräch im Kabinengang war nicht mehr als eine Verabredung fürs Telefon. Vogts: »Wir werden vernünftige Telefonate führen.«

Beim nächsten Lehrgang, den Vogts für Anfang November einberief, zählten beide zum Aufgebot – Sammer und Möller waren in Ehren wieder aufgenommen worden. Beim 0:0 gegen Österreich in Nürnberg wurde Möller bereits wieder eingewechselt, Sammer musste noch zuschauen. Es war trotzdem wie ein Neuanfang für ihn. Zumal er hier die ersten Kontakte zu seinem künftigen Arbeitgeber knüpfte, zu Borussia Dortmund.

Erst Florida, der Strandspaziergang von Miami, brachte die endgültige Wende im Verhältnis zwischen Vogts und Sammer, Sammer und Vogts. Wie sehr der Bundestrainer seither von den Qualitäten des Matthias Sammer überzeugt war, zeigte sich ein Jahr später bei der WM in den USA. Obwohl Sammer während des

Turniers noch davon sprach, »Berti und ich sind keine Busenfreunde, wir haben nach wie vor unsere Problemchen«, gehörte der inzwischen für Dortmund spielende Rotschopf ständig zur Startaufstellung. Effenberg, sein Mittelfeldrivale, musste auf der rechten Seite grätschen und kämpfen, in der Schaltzentrale stand Sammer.

Ausgerechnet im Viertelfinale gegen Bulgarien aber fehlte Sammer. Und nach dem überraschenden Aus des amtierenden Weltmeisters, dem 1:2 durch die Tore von Stoitchkov und dem Kopfballtreffer des Hamburger Spielmachers Letchkov, sagte Vogts: »Mit Sammer, da bin ich mir sicher, wäre das nicht passiert.«

Ein größeres Kompliment vom Bundestrainer hätte es kaum geben können.

Der Libero-Gipfel

SCHAUPLATZ: LEUTSTETTEN BEI MÜNCHEN, SCHLOSSGASTSTÄTTE
DATUM: 27. OKTOBER 1994

Das Treffen fand nicht zufällig in München statt. München, das war schon wie seine zweite Heimat. Den Flugplan von Dortmund-Wickede, dem Regionalflughafen am Rande der Ruhrmetropole, hin zur bayerischen Landeshauptstadt kannte er auswendig. Zu oft schon war er in die Praxis von Dr. Müller-Wohlfahrt geeilt, dem Mannschaftsarzt der Nationalmannschaft und des FC Bayern. Zu oft hatten Knie, Leiste oder Bänder gezwickt, um einen Besuch bei dem Arzt seines Vertrauens zu rechtfertigen.

Und jetzt hatte die Bild-Zeitung *die Gunst der Stunde zu einer ungewöhnlichen Zusammenführung genutzt: Lothar Matthäus mit Ehefrau Lolita auf der einen, Matthias Sammer mit Ehefrau Karin auf der anderen Seite. Ein ganz besonderes Treffen in ungewöhnlicher Atmosphäre. Der Libero-Gipfel.*

Der reservierte Tisch ist blank gewienert. Die Bedienung im Dirndl fragt nach Getränkewünschen. Während Matthäus eine Weinschorle ordert, bleibt Sammer nüchtern: »Eine Cola, bitte.«

Sie haben sich seit New York, seit dem Aus bei der WM 1994 gegen Bulgarien, nicht mehr gesehen. Dort hatten sich auch die Frauen kennen gelernt, die sich jetzt, abseits vom Thema Fußball, ins Gespräch stürzen, während die

Männer beginnen, sich in Deutschlands Fußball-Thema Nummer eins zu vertiefen.

Die Frage aller Fragen: Wer ist der bessere Libero? Sammer oder Matthäus?

Noch bevor Berti Vogts zu einer Entscheidung gezwungen wird, sitzen sich hier beide Kontrahenten Auge in Auge gegenüber. Auf dem Spielfeld hatte es seit der WM keine Berührung mehr gegeben. Bei den nächsten Länderspielen fehlte Sammer. In Moskau wegen einer Rippenprellung, in Budapest wegen einer Grippe. Und beim Bundesliga-Gipfel zwischen Dortmund und Bayern zwang ihn ein Muskelbündelriss zur Pause.

Beide wissen jetzt nicht so recht, wie sie die Diskussion beginnen sollen. Matthäus: »Mich haben die Schlagzeilen in den letzten Monaten irritiert: Matthäus gegen Sammer, Sammer gegen Matthäus. Aber von Sammer kam nie eine Äußerung gegen mich und von mir keine gegen Sammer. Wir wollen beide das gleiche. Erfolg!« Das Eis ist gebrochen. Jetzt sprudelt es aus beiden heraus. Und doch tänzeln sie wie Katzen um den heißen Brei auf die Frage: Wer ist denn nun besser?

»Das ist situationsbedingt, wie man spielen muss«, beginnt Matthäus, ehe Sammer sich ebenso vorsichtig an das Thema heranwagt. »Wir spielen beide einen guten Libero. Wir haben beide als Stürmer begonnen und jetzt das Defensiv-Denken drauf. Wenn ich heute einen Ball weggrätsche oder einen Gegenspieler ablaufe, ist das genauso viel wert wie ein Tor.«

Zwei Stunden lang reden sie sich in Rage. Sie sprechen über München, über die gemeinsame Zeit in Italien bei Inter Mailand, über das WM-Desaster und die Folgen für den deutschen Fußball. Sie verputzen dabei Steaks mit Schwam-

merln (Sammer) und Leber mit Röstzwiebeln (Matthäus) und reden immer weiter. Bis zu der entscheidenden Frage: Wen würden Sie als Libero aufstellen, wenn Sie Berti Vogts wären?

Matthias Sammer nippt an seinem Cola-Glas, starrt auf den blank gewienerten Holztisch und spricht dann als Erster: »Wenn ich Vogts wäre, würde ich Matthäus als Libero spielen lassen.«

Matthäus scheint in diesem Moment ein Stein vom Herzen zu fallen. Die Erleichterung steht ihm ins Gesicht geschrieben, während Sammer erklärt: »Ganz einfach: Lothar hat sich für diesen Posten entschieden. Der Trainer hat ihm das versprochen. Alles andere wäre für Lothar eine Rückstufung. Ich dagegen kann auch im Mittelfeld spielen.« Matthäus erleichtert: »Jetzt stell mal die Cola weg, trink einen ordentlichen Schluck Wein und stoß mit mir an. Jetzt sieht jeder, dass wir uns gut verstehen.«

Der Libero-Gipfel in München – Kronprinz Sammer gegen Weltmeister Matthäus. Der sechs Jahre jüngere Dortmunder steckt artig zurück.

Doch das alles hatte eine Vorgeschichte. Gleich nach dem WM-K.o. gegen Bulgarien hatte Berti Vogts noch in New York dem *Spiegel* ein Interview gegeben: »Meine neue Abwehr steht – mit Sammer als Libero«, hatte er da unzweideutig festgelegt. Unendliche Diskussionen waren die Folge, angezettelt von Matthäus, dem deutschen Kapitän, der sich nicht zum Sündenbock für das WM-Aus stempeln lassen wollte. Sogar Franz Beckenbauer hatte sich in die Libero-Diskussion eingeschaltet. So musste Berti Vogts zwei Monate später nach München fliegen, um Matthäus zu versöhnen. Und er musste ihm dabei die Zusage geben, dass er weiterhin der Libero der Nationalmannschaft bleibe.

Aber wer war nun wirklich besser: Matthäus oder Sammer?

Für Experten wie Jupp Heynckes, Paul Breitner, Günter Netzer oder (ganz klar) Ottmar Hitzfeld war diese Frage längst beantwortet: Matthias Sammer natürlich.

Er hatte in Dresden als Stürmer begonnen. Bei dem 3:7 in Uerdingen im Europacup 1986 stürmte er über links. Als er mit dem VfB Stuttgart 1992 Deutscher Meister wurde, regierte er längst im Mittelfeld. So kauften ihn auch die Italiener von Inter Mailand, so holte ihn Borussia Dortmund aus Italien zurück. Sammer dankte es mit sensationellen zehn Toren in 17 Spielen in der Rückrunde der Saison 1992/93. Da durfte er hinter den Spitzen spielen, ausgestattet mit allen Freiheiten. So hatte er den Widerstand, der sich bei seiner Verpflichtung aufgebaut hatte, weich geschossen. Sammer: »Als ich nach Dortmund kam, hatte ich ein negatives Image. Sammer, der sich nicht durchbeißen kann und viel zuviel Geld verdient. Ich wäre ein Spinner, wenn ich behaupten würde, das hätte mich nicht getroffen.« Die Antwort gab er mit Toren. So schoss er sich die Akzeptanz heraus: bei den Fans im Westfalenstadion genauso wie in der Mannschaft.

Die Spielweise von Sammer charakterisierte Ottmar Hitzfeld so: »Ich sehe ihn nicht als Spielmacher oder Regisseur. Sammers Gefährlichkeit liegt vor dem Tor, seine Stärke ist der Abschluss. Da ist er nervenstark, hat eine gute Übersicht und eine gute Schusstechnik mit Rechts und Links. Deshalb bezeichne ich ihn als Bindeglied zwischen Mittelfeld und Angriff, er spielt hinter

Matthias Sammer privat:
An seinem 30. Geburtstag muss er seine Lungenkraft beweisen und 30 Kerzen auf der Geburtstagstorte ausblasen.

Er liebt den deutschen Schlager: Nicole (»Ein bisschen Frieden«) war Ehrengast bei seiner Geburtstagsfeier, eingeladen von seinem damaligen Manager Norbert Pflippen (neben Sammer

Zunächst nicht mehr als eine rote Kiste mit Schleifchen …
Heraus krabbelt die Schlagersängerin Nicole mit Mikrofon in der Hand …
… und schmettert los. Dafür gibt's ein Küsschen vom Geburtstagskind.

Große Augen, heftige Diskussionen: Matthias Sammer mit seinem Freund Rudi Völler, dem späteren DFB-Teamchef

Getanzt wird auch: Lars Ricken, Matthias Sammer, hinten Jörg Heinrich, rechts das Ehepaar Schäfer. Günter, Ex-Profi beim VfB Stuttgart, ist Patenonkel von Tochter Sarah.

»Ich schwöre, ich hab nichts gegen dich«, könnte Sammers Geste sagen. Viele Freunde kommen zum Geburtstag, darunter auch Andy Möller mit Ehefrau Michaela. Na denn: Prost!

Lars Ricken bringt rote Rosen.

Stefan Kuntz und Ehefrau mit dem Engelchen als Grußkarte

DFB-Physiotherapeut Klaus Eder und Frau kommen aus Regensburg angereist.

Christoph Daum, Sammers Trainer aus Stuttgart, am Tisch mit Nicole (Mitte) und Spieler-Manager Norbert Pflippen (ganz rechts)

Experten-Treff: Rudi Völler, Jürgen Kohler, Matthias Sammer und Andy Möller im Gespräch.

Die Überraschung ist Ehefrau Karin gelungen. Sie hat alle Freunde zur Geburtstagsfeier eingeladen – ohne sein Wissen.

Vater und Sohn
Marvin-Matthias, 1990

Familien-Foto im März 1993 nach der Rückkehr aus Italien: Ehefrau Karin (noch mit blonden Locken), Tochter Sarah und Hausherr Matthias

n Szene gesetzt: der Feuerkopf

adidas®

Der Entführungsfall

Sitzungssaal 201 im Landgericht Hagen: Die Täter auf der Anklagebank verstecken sich hinter Zeitungen (oben). Mitte: In diesem Haus in Iserlohn sollten Frau und Tochter Sammer versteckt werden.

Unten: Karin Sammer mit Rechtsbeistand. Sie sagte im Prozess als Zeugin aus.

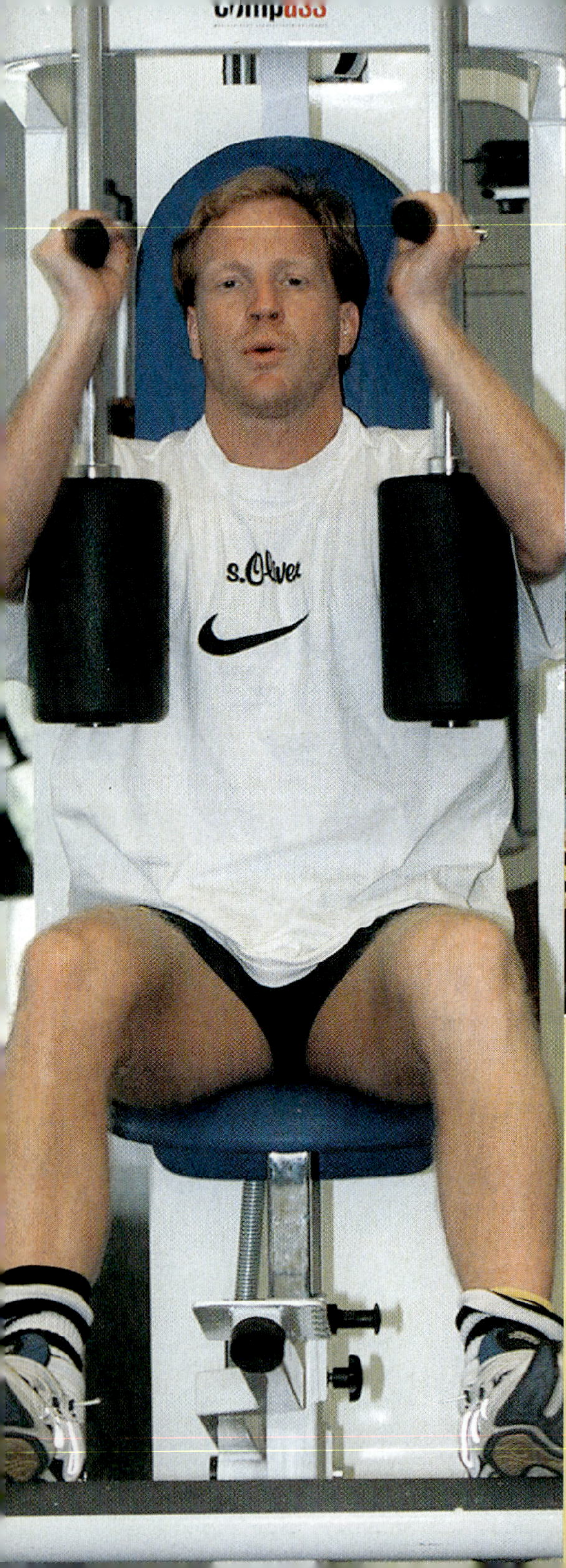

Der Kampf in der Reha

Alltagsarbeit für drei Jahre: Jeden Tag schwitzen in der Reha – ob an der Kraftmaschine zur Stärkung der Armmuskulatur (ganz links), an der Beinpresse (links) oder auf einem Gummiband, um das linke Knie zu entlasten (oben). Das linke Knie macht ihm noch heute zu schaffen.

NIKE
NIKE

s.Oliver

s.Oliver

Kapitän war er nie. Weder in Dresden, Stuttgart, Mailand, Dortmund noch für Deutschland. Auf dem Vierwaldstätter See versuchte er es einmal in Urlaubsstimmung.

den Spitzen. Matthias ist zudem der ideale Konterspieler, weil er sehr schnell ist. Wenn Matthias mal minutenlang nicht zu sehen ist, dann nicht deshalb, weil er sich versteckt, sondern weil er lauert, auf eine Szene spekuliert. Auch das zeichnet ihn aus. Denn er kann wie kaum ein anderer Spielsituationen vorausahnen.«

Obwohl in dieser Analyse bereits viele Prädikate stecken, die auch auf einen Libero zutreffen, musste Ottmar Hitzfeld zu seinem Glück gezwungen werden. Und Auslöser für den Wechsel auf den Libero-Posten war Präsident Dr. Gerd Niebaum.

Im Sommer kamen Steffen Freund aus Schalke und Kalle Riedle aus Italien – und damit neuer Neid. Die alten Borussen um Michael Schulz, Michael Rummenigge oder Michael Zorc, die Dortmund aus der Bundesliga-Talsohle bis hinein in die internationalen Ränge (sprich: UEFA Cup) katapultiert hatten und dort sogar bis ins UEFA-Cup-Finale gegen Juventus Turin vorgestoßen waren, intervenierten vor allem gegen die Italien-Rückkehrer und ihre Gehaltsmillionen. Mitten hinein in diese innere Krise kam auch die sportliche. Da mischte sich Präsident Niebaum ein. Er bat Matthias Sammer zum Vier-Augen-Gespräch.

Trotz eines starken Trainers wie Ottmar Hitzfeld hatte Niebaum die Zügel nie ganz aus der Hand gegeben. Und so war er es, der Sammer zu einem neuen Job überredete – zum Libero.

Erstmals am 29. Oktober 1993 spielte Matthias Sammer den letzten Mann. Es war an einem Freitagabend im Dortmunder Westfalenstadion und der Gegner hieß Borussia Mönchengladbach. Auf der Suche nach einem Nachfolger für den nach München abgewanderten

Thomas Helmer hatte Ottmar Hitzfeld den Australier Ned Zelic auserkoren. Doch so richtig in den Griff hatte der technisch brillante Australier die Abwehr nicht bekommen. Zwanzig Gegentore sprachen gegen ihn. Jetzt, gegen Gladbach, fehlte Zelic, weil er in der WM-Qualifikation für Australien antreten musste.

Ohne Vorankündigung schickte Hitzfeld deshalb Matthias Sammer auf den Libero-Posten und sprach von einer »Notlösung«. Es wurde die Geburtsstunde einer neuen Fußball-Epoche.

Denn Dortmund siegte nach Toren von Poschner (2) und Riedle mit 3:0. Viel wichtiger aber: Erstmals in der Saison zeigte sich die Wackel-Abwehr stabil. Hitzfeld, auf Sammer angesprochen, antwortete so: »Mit seiner Intelligenz, Technik und Übersicht hat er die Rolle hervorragend ausgeführt. Es war ein Experiment. Mittwoch gegen Maribor wird er wieder Libero spielen. Danach sehen wir weiter.«

Sammer, der Libero: Er musste lernen, fehlerlos zu spielen. Denn als letzter Mann ist jeder Fehlpass ein Geschenk für den Gegner. Er musste das Gefühl bekommen, wann er sich in das Offensivspiel einschalten durfte und wann nicht. Er musste mit seinen Mitspielern harmonieren lernen, die ihn bei seinen Ausflügen abzusichern hatten. Ein Prozess, der sich in nur wenigen Spielen erfolgreich vollzog.

Hitzfeld merkte schnell, dass er mit dem Wechsel von Sammer in die Abwehr einen Glücksgriff gelandet hatte. Schon zwei Monate später pries er seine Neuentdeckung bei Bundestrainer Berti Vogts an, der zu der Zeit noch im Zwist mit Sammer lag und auf Matthäus als Abwehrchef setzte. Hitzfeld: »Durch die neue Position ist Sammer noch interessanter für die Nationalelf, er ist noch vielseitiger einsetzbar.«

Sammer, der trotz seiner nur 181 Zentimeter Körpergröße über eine außerordentliche Kopfballstärke verfügte, durfte sich auf der neuen Position einspielen und führte Borussia bis auf Platz vier in der Tabelle (punktgleich mit dem Dritten Leverkusen, fünf Zähler hinter Meister Bayern). Im UEFA Cup ist für den Finalisten aus dem Vorjahr (da war Sammer nach seinem Wechsel aus Mailand nicht spielberechtigt) im Viertelfinale Endstation. 1993 war es Juventus Turin, jetzt ist es mit Inter Mailand erneut eine Mannschaft aus Italiens Serie A, das den Europacup dominiert und später auch den UEFA Cup gewinnt.

Ausgerechnet Inter Mailand, Sammers ehemaliger Brötchengeber, war diesmal der Gegner. Hier war er besonders motiviert und wollte den Italienern beweisen, dass es ein Fehler war, ihn zurück in die Bundesliga ziehen zu lassen. Es half nichts. Besonders in Dortmund wurde der Leistungsunterschied deutlich. Inter siegte 3:1 im Westfalenstadion. In Mailand gelang wenigstens noch ein Achtungserfolg mit dem 2:1-Sieg und einem Schuss an die Latte, der fast noch die Verlängerung bedeutet hätte.

Aber Sammer, der neue Libero, schaffte dennoch den Sprung zur WM in den USA. Nach der Aussprache mit Berti Vogts im Dezember 1993 (siehe Seite 85ff.) hatte er zumindest Effenberg den Rang abgelaufen und seine Position im Mittelfeld sicher. Nur gegen Bulgarien fehlte er mit einer Wadenverletzung. Und er kämpfte immer noch mit sich selbst, welche Position denn nun die richtige sei: Abwehrchef oder Mittelfeldstratege.

Sammer: »Mein Vater sagt, dass ich für diesen Posten noch zu jung bin. Dabei soll er nicht vergessen, dass er es war, der mich in der Jugend schon mal Libero spielen ließ.«

Erst Stürmer, dann offensiver Mittelfeldspieler, dann im defensiven Mittelfeld, jetzt Abwehrchef – genauso wie Matthäus, der ebenfalls in seiner Kindheit als Sturmführer Tore am Fließband produziert hatte, war er von ganz vorne nach ganz hinten gerückt. Und während er sich mit Matthäus zum Libero-Gipfel traf, machte er gerade die ersten großen Schlagzeilen in der neuen Position. Nicht mit Worten, sondern mit Leistung. Überragend seine Vorstellung im Pokalspiel auf dem Betzenberg in Kaiserslautern, obwohl Borussia in der Verlängerung mit 3:6 verlor. FCK-Trainer Friedel Rausch: »Man kann aufhören zu debattieren. Sammer ist unser bester Libero.« Jürgen Röber, damals Trainer in Stuttgart und Augenzeuge auf dem Betzenberg: »Es ist nicht weg zu diskutieren: Sammer ist die Nummer eins auf diesem Posten. Jetzt hat Berti Vogts ein Problem.« Noch überschwänglicher Jupp Heynckes, zu der Zeit Trainer bei Eintracht Frankfurt: »Ich habe mehrfach gehört, dass Sammer eine Weltklasseleistung geboten hätte. Das trifft nicht zu. Er war überirdisch. Viel besser als der große Baresi beim AC Milan.«

Bild machte Sammer daraufhin zum »Libero 2000«. Weil er spielte wie keiner zuvor. Weil er in der Abwehr einen Brand nach dem anderen austrat und in Lauterns Hälfte immer wieder zündelte. Weil er sogar die Power fand, noch in der Verlängerung das 3:2 für seine Borussia zu schießen. Weil er auf dem gefürchteten Betzenberg seine Elf immer wieder nach vorne trieb, selbst wenn am Ende der Einbruch erfolgte. 3:6 – ein Pokalspiel, das jeden Fußballfan mit der Zunge schnalzen ließ, außer vielleicht die Freunde des BvB nach dieser Niederlage.

In der Saison 1994/95 hatte Borussia weiter aufgerüstet. Man verpflichtete Andreas Möller und Julio Cesar von Juventus Turin, machte die Abwehr dicht und verstärkte das Mittelfeld. So kreierte man einen neuen Stil, der erneut an der Position (und Person) von Matthias Sammer festgemacht wurde.

Sammer erfand den Libero neu!

»80 Prozent aller Spiele dominieren wir«, jubilierte Andreas Möller bereits im Herbst. Und das lag an Sammer.

Beispiel La Coruna: Beim heimstarken Vizemeister Spaniens lag Borussia früh im Rückstand. Da widersetzte sich Sammer den Anweisungen von Trainer Hitzfeld (»Mach erst mal hinten dicht«) und stürmte nach vorne, so willensstark und offensiv, dass sich Möller später wunderte: »Plötzlich lief er an mir vorbei nach vorne.« Sammer erklärte es: »In einem Fußballspiel gibt es viele Dinge, die ein Spieler allein entscheiden muss. Deshalb hatte ich mir vorher meine Gedanken gemacht. Die Spanier haben mit Donato, Aldano und Fran ein technisch gutes Mittelfeld, dem wir nicht beigekommen wären, wenn ich nur stur hinten geblieben und die Bälle abgelaufen hätte. Also habe ich mich ins Mittelfeld eingeschaltet und versucht, Überzahlspiel aufzubauen. Mit Blickkontakt habe ich den Trainer verständigt.« Es blieb beim 0:1, aber Borussia hatte nach der unruhigen Anfangsphase das Spiel im Griff, setzte sich in Dortmund mit 3:1 nach Verlängerung durch und zog so ins Viertelfinale ein. Hitzfeld zu Sammers eigenmächtiger Positionsänderung lapidar: »So spielen wir in der Bundesliga immer.«

Borussia, angriffslustig, risikofreudig, torbesessen und überzeugend, fand durch Sammer einen neuen Stil, weil Sammers Arbeitsplatz vom eigenen bis zum gegenüber liegenden Strafraum reichte. Er war ein Libero in der genauen Definition des Wortes: freier Mann, Lückenbüßer hinter der Abwehr genauso wie Antreiber im Mittelfeld. Und wenn es sein musste, auch als Mittelstürmer. »Dadurch«, so sein ewiger Widersacher Andreas Möller, »spielen wir den modernsten Fußball in der Bundesliga.« Und sein Trainer fügte hinzu: »Wie er Libero spielt, ist einfach genial. Er ist eine Leitfigur für die ganze Mannschaft.«

Plötzlich stießen Sammer und die Libero-Diskussion in ganz neue Dimensionen vor. Den Stein hatte erneut Hitzfeld ins Rollen gebracht mit seiner Aussage: »Er ist der Beckenbauer der neunziger Jahre.« Jetzt diskutierte Fußball-Deutschland: Wer ist besser? Sammer oder Beckenbauer?

Sport-Bild beauftragte daraufhin das Marktforschungsinstitut Czala mit einer Repräsentativumfrage. Das erstaunliche Ergebnis: Dreißig Prozent bestätigten Hitzfeld, nur 29 Prozent hielten das für übertrieben. 41 Prozent meinten, dass sich beide Spieler nicht vergleichen ließen. Die Meinungsforscher wollten es ganz genau wissen. Die Ergebnisse überraschen:

Kriterium	Beckenbauer	Sammer	Kein Unterschied
Schnelligkeit	12 %	64 %	24 %
Technik	69 %	11 %	20 %
Führungsqualitäten	79 %	7 %	14 %
Härte	12 %	66 %	12 %
Autorität	80 %	6 %	14 %
Übersicht	65 %	7 %	28 %
Taktik	57 %	9 %	34 %
Athletik	14 %	59 %	27 %
Stellungsspiel	60 %	12 %	28 %
Zweikampfstärke	23 %	56 %	21 %
Torgefährlichkeit	20 %	56 %	24 %
Kopfballstärke	22 %	48 %	30 %
Kondition	14 %	49 %	37 %
Spielwitz	53 %	18 %	29 %

Zahlen, die nun heftig diskutiert wurden.

Paul Breitner über den Vergleich Beckenbauer/Sammer: »Beckenbauer hat zwar den Libero erfunden, weil es vor ihm nur Willi Schulz gab. Aber auch er sah die vorrangige Aufgabe darin, hinten zu null zu spielen. Meist erst, wenn es galt, ein Spiel herumzureißen, war auch Beckenbauer dritte Sturmspitze. Sammer ist ein neuer Libero. Das ist kein freier Mann mehr vor, hinter oder in der Abwehr, das ist ein freier Mann auf dem ganzen Spielfeld. Instinktiv ist er Rechtsaußen, Linksaußen, Mittelfeldspieler. Das ist eine völlig neue Dimension. Da ist etwas Revolutionäres passiert. Wie Beckenbauer die Ära Schulz lächerlich gemacht hat, so führt jetzt Sammer die Ära Beckenbauer ad absurdum. Er könnte der große Fußballer dieses Jahrzehnts werden.«

Günter Netzer (»Sammer ist dynamischer«) und Jupp Heynckes (»Sammer zeichnet der gute Abschluss einer

Torchance aus. Das ist wirklich ein großer Unterschied zu Franz.«) redeten sich ebenfalls die Köpfe heiß. Selbst Beckenbauer-Manager Robert Schwan sagte anerkennend: »Es ist erfreulich, dass da ein Mann nachkommt, der an die Klasse von Franz heranreicht.« Dann fügte er hinzu: »Sammer spielt jetzt erst ein Jahr sehr, sehr gut. Noch bleibt dahingestellt, ob er diese Form und dieses Können wie der Franz eineinhalb Jahrzehnte bringt. Wenn er das durchhält, ist er ein so Guter wie der Franz. Sammer ist auf dem besten Wege dazu.«

Es war in dem Jahr, als Sammer die Dortmunder Borussia zur ersten Meisterschaft führte. Souverän waren die Dortmunder durch die Hinrunde marschiert, hatten durch einen 4:0-Erfolg in Hamburg ganz überzeugend die Herbstmeisterschaft eingefahren. Doch dann kam der Einbruch. Als Werder Bremen das Spitzenspiel im Weserstadion 3:1 gewann, saß plötzlich die Elf von Trainer Otto Rehhagel auf dem Tabellenthron. Am vorletzten Spieltag schien alles schon entschieden: Dortmund lag in Duisburg mit 0:2 zurück, während Bremen gleichzeitig gegen den Karlsruher SC 2:1 führte. Doch der BvB bäumte sich auf, wollte den Titel, drehte die Partie noch durch zwei Tore von Stefan Reuter um und siegte 3:2. Jetzt musste der letzte Spieltag entscheiden: Dortmund gegen den HSV, Bremen beim abgeschlagenen FC Bayern (der nur durch Gladbachs Pokalsieg mit dem 3:0 über Wolfsburg noch in den UEFA Cup rutschte).

Pikant: Otto Rehhagel stand als neuer Trainer des FC Bayern bereits fest. Würden ihm die Bayern den Titel schenken? Würden sie zulassen, dass er als Otto der Große in München Einzug hält?

Dortmund besiegte den HSV standesgemäß durch Treffer von Möller und Ricken mit 2:0. Und Werder verlor gleichzeitig 1:3 in München.

Ausnahmezustand daraufhin rund um den Borsigplatz. Eine riesige Jubelparty in Schwarz und Gelb. Erstmals seit 1963 wieder ein Meistertitel in Dortmund. Lange genug hatte man darauf warten müssen.

Nachdem die Reden im Goldsaal der Dortmunder Westfalenhalle gehalten waren, der erste Champagner geschlürft und die ersten Bierfässer geleert waren, verabschiedeten sich die meisten Spieler ins Nachtleben des Ruhrgebiets. Nur einer blieb sitzen: Matthias Sammer. Gerade, als er sich ebenfalls von der offiziellen Borussen-Feier verabschieden wollte, kam Ottmar Hitzfeld auf ihn zu und veranlasste ihn zum Bleiben.

Nein, das Feiern war ohnehin nicht seine Sache, eher das Diskutieren. Am liebsten über Fußball. Und so setzten sie sich in dieser Siegesnacht an einen Tisch, wo sich die geleerten Gläser bereits stapelten, und redeten über den Titel und über neue Ziele – der Chef und sein Spiritus rector, General Hitzfeld und sein Feuerkopf Matthias Sammer. Mit ihm und nur durch ihn hatte Borussia einen neuen Fußballstil kreiert, auf den es nun aufzubauen galt. »Noch«, so Hitzfeld, »ist die Mannschaft nicht gefestigt genug. Aber wir sind auf dem Weg, eine große Mannschaft zu werden.« Und Sammer nickte verständnisvoll dazu.

Er selbst sah noch andere große Aufgaben vor sich. Fünfmal hatte er sein Libero-Debüt in der Nationalmannschaft verschieben müssen. Immer wieder hatten ihn Wehwehchen aus der Bahn geworfen. So hatte er der Nationalelf noch keinen Stempel aufdrücken können.

Erst Anfang Juni 1995 stand er erstmals für Deutschland seinen (letzten) Mann – ausgerechnet in Bulgarien. Ein Jahr zuvor hatten Stoitchkov, Letchkov und Kostadinov die deutsche Elf aus der WM gekippt. Jetzt waren sie der stärkste Widersacher in der Qualifikation für die EM in England. Und es war auch das Entscheidungsspiel für Berti Vogts, der nur ein Jahr nach der WM erneut zur Diskussion stand. Deutschland verlor 2:3. Aber als Wilfried Straub, der DFB-Direktor mit der Zuständigkeit für Profifußball, die Elf nach der Rückkehr am Frankfurter Flughafen empfing, sagte er, was ganz Deutschland fühlte: »Das war die Geburt einer neuen Mannschaft.«

2:3 verloren und doch gewonnen – wie geht das?

Die deutsche Elf hatte endlich mal ihr Schicksal in beide Hände genommen. Weil sie offensiv spielte und dominant. Und weil sie nur durch zwei Elfmeter, von Helmer und Strunz verschuldet und von Stoitchkov zweimal souverän verwandelt, auf die Verliererstraße geriet. Mit Sammer als Libero hatte auch die deutsche Elf sofort ein neues Gesicht bekommen.

Und trotzdem wurde anschließend wieder die Diskussion geführt, die sich fast durch die ganze Libero-Karriere des Dortmunders zog: Hat er nicht viel zu offensiv gespielt?

Vogts wehrte sich sofort vehement: »Sammer muss spielen wie Sammer. Ich kann und ich darf und ich werde von ihm nicht verlangen, dass er einen reinen Ausputzer spielt. Wir sind durch zwei dumme Fehler bestraft worden und nicht dadurch, dass Sammer als Organisationschef versagt hat.« Einmal in Form, redete sich Berti Vogts gleich in Rage: »So wie Sammer spielte, stand er für unser druckvolles, temperamentvolles Spiel nach vorn. Aus jeder sich bietenden Situation sollte er in den Angriff gehen.«

Trotz dieser deutlichen Worte ging die Diskussion weiter. Sammer zu offensiv? Vielleicht doch besser im Mittelfeld? Kann Deutschland so zurückkommen an die internationale Spitze?

Oft, fast zu oft hat sich Matthias Sammer dieser Kritik stellen und erwehren müssen. Lob und Anerkennung auf der einen Seite für die moderne Spielweise, Kritik und Maßregelung nach jedem Gegentor, nach jeder Niederlage. Und manchmal platzte ihm dann auch der Kragen, so wie an jenem Abend in Sofia: »Ich habe keine Lust, die Leute über Fußball aufzuklären. Ich denke, dass es keine moderne Mannschaft auf der Welt gibt, in der der Libero zehn Meter hinten dran spielt. Da wären die Deutschen einmalig. Einigen würde das vielleicht passen. Aber wenn wir da hinkommen, wären wir wieder zehn Jahre hinterher.« Und weiter: »Wenn es klar gefordert wird, hinter der Abwehr zu spielen, dann hätte ich dazu auch keine Lust mehr.«

Das wollte natürlich auch keiner. Am allerwenigsten Berti Vogts. Zwischen Matthäus und Sammer hatte er es mit Helmer (in Spanien und Georgien) und Reuter (gegen Wales) versucht, damit aber nicht das deutsche Spiel belebt. Das konnte nur ein Ausnahme-Libero wie Matthias Sammer, der gleichzeitig Abwehrchef und Mittelfeld-Motor sein konnte.

Natürlich war an dem Abend in Sofia auch Lothar Matthäus noch allgegenwärtig, der Rekordnationalspieler, der sich Monate zuvor die Achillessehne gerissen hatte und gerade um sein Comeback kämpfte. Sammer:

»Für mich gibt es kein Problem. Wenn Lothar wieder fit ist, kann er gerne wieder Libero spielen. Ich muss diese Position nicht haben.«

Eine Haltung, die er Monate später beim Libero-Gipfel wiederholte. Und das, obwohl sich Sammer längst mit seinem neuen Stil Geltung verschafft hatte.

Aber für Sammer zählen auch noch andere Werte. Respekt vor der Leistung zum Beispiel. Er bewunderte Matthäus für seine Erfolge. Der war 1990 Weltmeister, als Sammer gerade in der Bundesliga Fuß zu fassen versuchte, und mit Inter italienischer Meister und UEFA-Cup-Gewinner, ehe auch Sammer über die Alpen wechselte und in Mailand anheuerte. Das Verhältnis war wie zwischen Schüler und Lehrer, obwohl Schüler Sammer seinen Lehrer Matthäus längst überflügelt hatte.

Als sie sich gegenüber saßen beim Libero-Gipfel in der Schlossgaststätte in Leutstetten, verzichtete Sammer freiwillig auf den Job, den er am besten konnte.

Heute wissen wir: Das Versprechen, sich Matthäus unterzuordnen, erneut bei der Nationalmannschaft ins Mittelfeld auszuweichen, musste Sammer nie mehr einlösen. Zwei Monate nach dem Gespräch verletzte sich Matthäus. Und er kehrte erst vor der WM 1998 ins DFB-Team zurück, als Sammer mit seinem Knieschaden aufgeben musste.

Nach diesem Libero-Gipfel haben beide nie mehr gemeinsam für Deutschland gespielt.

Libero Nr. 27 nach Franz Beckenbauer

Noch immer gilt Franz Beckenbauer als der Erfinder des Liberos, des freien Mannes hinter der Abwehr, der von dort ein Spiel gestalten kann. Franz Beckenbauer trat in der Nationalmannschaft am 23. Februar 1977 mit einer 0:1-Niederlage in Paris gegen Frankreich ab. Wer sich danach auf dieser Position versuchte:

1. Manfred Kaltz
2. Jupp Tenhagen
3. Georg Schwarzenbeck
4. Gerd Zewe
5. Uli Stielike
6. Bernd Cullmann
7. Bernd Schuster
8. Kurt Niedermayer
9. Rainer Bonhof
10. Wilfried Hannes
11. Bernd Förster
12. Gerd Strack
13. Klaus Augenthaler
14. Matthias Herget
15. Hans-Günter Bruns
16. Ditmar Jakobs
17. Thomas Hörster
18. Holger Fach
19. Guido Buchwald
20. Paul Steiner
21. Thomas Berthold
22. Manfred Binz
23. Thomas Helmer
24. Olaf Thon
25. Lothar Matthäus
26. Stefan Reuter
27. Matthias Sammer

Der Ritterschlag

SCHAUPLATZ: BÖKELBERG IN MÖNCHENGLADBACH
DATUM: 26. NOVEMBER 1994

Bundesliga-Alltag. Das Schlagerspiel des 15. Spieltages: Borussia gegen Borussia, Gladbach erwartet Tabellenführer Dortmund. Das Stadion ist mit 34 000 Zuschauern ausverkauft, die Erwartung riesig.

Die 28. Minute. Torwart Kamps schlägt ab. Der Ball fliegt über die Mittellinie bis in die Dortmunder Hälfte und fällt dann wie ein Stein vom Himmel. Heiko Herrlich, der Gladbacher Stürmer, und Matthias Sammer, der Dortmunder Libero, springen gemeinsam ab. Ein Luftkampf um den Ball. Aber das Kopfballduell wird ein Kopfduell – ohne Ball. Beide krachen mit ihren Schädeln zusammen. Während sich Heiko Herrlich einmal kurz schüttelt, hält Sammer die Hand an die Stirn. Er spürt das Blut durch seine Hände rinnen. Über dem rechten Auge ist eine klaffende Platzwunde, eine Verletzung, wie sie im Boxsport öfter passiert. Sie bedeutet das Aus, jeder Boxer würde sofort aus dem Ring genommen werden.

Matthias Sammer geht zur Außenlinie. Direkt vor der Trainerbank lässt er sich von Vereinsarzt Dr. Büscher behandeln. Der fragt: »Willst du raus?« Die Antwort: »Nein, ich mache weiter.«

Es folgt eine Operation am Spielfeldrand.

Büscher holt den Tacker. Ein Gerät, wie es in jedem Büro, auf jedem Schreibtisch steht. Mit so einem Klammeraffen werden normalerweise Papiere zusammengeheftet – jetzt das Fleisch von Matthias Sammer.

Mit seinen Fingern drückt Dr. Büscher die Haut zusammen und schießt dann die Metallklammern ins aufgerissene Fleisch. 34 000 Zuschauer im Stadion sind Augenzeuge, wie Sammer keine Miene verzieht, sich danach einfach nur umdreht und aufs Spielfeld zurückkehrt. »Sei wenigstens vorsichtig bei Kopfbällen«, gibt ihm Dr. Büscher mit auf den Weg. Sammer blickt noch einmal zurück und sagt nur: »Kommt nicht in Frage. Wenn ich spiele, dann auch richtig.«

Trotz der Metallklammern schießt das Blut weiter aus der Wunde. Das gelbe Trikot färbt sich rot und röter. Aber Sammer schenkt dem keine Beachtung. Er wird zum Marathon-Mann zwischen beiden Strafräumen und bietet eine Weltklasseleistung. Er treibt den Ball, feuert die Mitspieler an und schlägt Pässe der Extraklasse.

Halbzeit. In der Kabine die zweite Operation. Dr. Büscher nimmt die Klammern raus, holt Nadel und Faden. Mit 16 Stichen wird die Wunde genäht. Trotzdem färbt sich auch das neue Trikot gleich wieder rot. Die Wunde ist zu groß, die Fäden reißen. Nach dem Schlusspfiff muss Sammer noch einmal Nadel und Faden über sich ergehen lassen. Er kommt aus der Kabine und denkt eine Sekunde lang an seine kleine Tochter Sarah. »Wenn ich nach Hause komme, muss ich das Licht ausmachen. Sonst bekommt sie einen Schock. Sie soll mich so nicht sehen.«

Aber viel mehr als die Wunde auf der Stirn schmerzt ihn der Punktverlust. 3:1 hatte Dortmund geführt, 3:3 heißt es am Ende. Ein tolles Bundesligaspiel mit Rasse, Klasse und einem dramatischen Ende. Sammer hat eine Riesenwut auf

Schiedsrichter Dardenne, der einen Freistoß gibt, der keiner ist. Fach gelingt so noch der Ausgleich in letzter Sekunde. Da wirft sich Sammer auf den Boden und trommelt vor Wut und Enttäuschung mit den Fäusten auf den Rasen.

Es ist das Spiel, das Sammer den Ritterschlag verleiht. *Bild* titelt danach: »Dieser Mann ist die Oberhärte.« Die Wunde ist das Symbol für den Kämpfer, der wieder einmal auf dem Rasen beweist, dass er bereit ist, über die Schmerzgrenze zu gehen. Die Narbe, die sich noch heute von der Stirn bis zur Augenbraue zieht, ist wie ein Gütesiegel für Willenskraft.

Matthias Sammer hat viele große Spiele gemacht. Das in Gladbach war eines der spektakulärsten, und es sollte eines seiner wohl besten nur zwei Wochen später in Hamburg folgen. Mit 4:0 brillierte Dortmund beim HSV und eroberte sich damit die Herbstmeisterschaft. Sammer war an drei Toren beteiligt, schoss das vierte selbst und führte überragend Regie. Anschließend nach seiner Leistung befragt, antwortete er dem verdutzten TV-Reporter: »Es geht noch viel besser. Auch heute habe ich noch viele Fehler in meinem Spiel entdeckt.« Der gleiche TV-Reporter erwischte den Dortmunder Star Minuten später frisch geduscht im Kabinengang und fragte ihn, diesmal ohne Kamera und Mikrofon: »Mensch, Matthias, bist Du eigentlich nie zufrieden?« Die Antwort macht deutlich, wie Sammer wirklich denkt: »Wenn Du anfängst, zufrieden zu sein, hast Du schon verloren.«

Zufrieden war er fast nie in seiner Karriere. Vielleicht hat er deshalb so viel gewonnen.

Seine erste Bundesliga-Meisterschaft holte er 1992

mit dem VfB Stuttgart. Christoph Daum hatte nach seinem Rauswurf in Köln bei den Schwaben angeheuert und die mittelmäßige Mannschaft an die Tabellenspitze geführt. Nie ganz nach oben, aber immer in Lauerstellung. Unvergessen das packende Saisonfinale. Punktgleich lagen Frankfurt, Stuttgart und Dortmund an der Tabellenspitze. Alle drei mussten zum Finale auswärts antreten. Frankfurt (in Rostock) und Dortmund (in Duisburg) mussten bei Abstiegskandidaten ran, der VfB in Leverkusen. Frankfurt hatte mit Bein, Möller und Yeboah die ganze Saison geglänzt und galt als haushoher Favorit. Doch die Eintracht verlor 1:2.

Dortmund fühlte sich schon als Meister. Nach acht Minuten hatte Chapuisat bereits Borussias Siegtreffer erzielt. Doch dann kam der VfB …

Das 1:0 durch Kree hatte Fritz Walter mit seinem 22. Saisontreffer ausgeglichen. Dann rettete Günter Schaefer für den bereits geschlagenen Torwart Eike Immel mit einem spektakulären Fallrückzieher einen Thom-Schuss vor der Linie und verhinderte so den erneuten Rückstand. Und Matthias Sammer war es schließlich, der das Spiel entschied. Anders allerdings, als er sich das selbst ausgemalt hatte.

Sammer flog vom Platz. Die Rote Karte ausgerechnet im Endspiel. Aber dieser Platzverweis weckte Stuttgart aus der Lethargie. Angefeuert von Christoph Daum gelang zehn Stuttgartern gegen elf Leverkusener die Sensation: Drei Minuten vor dem Abpfiff köpfte Guido Buchwald einen Eckball von Kögl ein. 2:1 für den VfB, das Torverhältnis entschied die 29. Saison und machte Stuttgart zum Meister.

Frustriert und überglücklich zugleich hockte Matthias

Sammer in der Kabine. Das Foto, das ihn im Arm von Michael Frontzeck zeigt, ist das Bild der Saison. Beide sitzen auf dem Boden in der Umkleidekabine und scheinen nicht fassen zu können, was soeben passiert ist. Sie sind Meister.

Matthias Sammer hat viele große Spiele abgeliefert. Manche bedeutende, auch einige unbedeutende und längst vergessene.

Man erinnert sich an eine Partie im April 1996 – ein ganz normales Bundesligaspiel in der Saison mit dem Ritterschlag vom Bökelberg und dem Husarenstück im Volkspark. Dortmund muss in Düsseldorf antreten, hat vier Spiele lang nicht mehr gewonnen und so auch die Tabellenführung an den FC Bayern verloren. Vier Spiele, in denen Sammer verletzt fehlte. »Die letzten Wochen waren schwer für den Verein und die Mannschaft«, stöhnte Hitzfeld. Auch jetzt lagen die Borussen 0:1 zurück. Da offenbarte sich die ganze Wahrheit über den amtierenden Meister: Ohne Sammer ist die Mannschaft nur die Hälfte wert. Er zauberte einen Zuckerpass zu Steffen Freund, der zum 1:1-Ausgleich verwandelte. Er schnappte sich nur Augenblicke später den Ball, sprintete über das halbe Spielfeld und schoss zum 2:1 ein. So auffallend und energisch, dass Manager Michael Meier staunte: »Er spielt ja zwei Positionen, Abwehr und Mittelfeld.« Und Hitzfeld stellte fest: »Über längere Zeit auf einen Mann wie Sammer zu verzichten, das kann kein Verein dieser Welt. Zumindest kann man bei uns dann nicht den Anspruch stellen, die Nummer eins zu sein.« Die Daten von SAT.1 untermauerten nur, was alle zuvor im Stadion gesehen hatten: Ohne Sammer gewann Borussia nur 48,9 Prozent aller Zweikämpfe und gehörte damit zu den fünf schlechtesten Teams. Mit Sammer stieg die Quote auf 52,7 Prozent. Zahlen, die bestätigen, dass Sammer als Antreiber, Motivator und Feuerkopf für die Borussia unerlässlich war. Mit ihm gelang 1996 wie selbstverständlich die Titelverteidigung. Borussia wurde zum zweiten Mal Deutscher Meister.

Ebenso scheinbar unbedeutend wie das Punktspiel von Düsseldorf war ein Jahr zuvor auch das Länderspiel in Cardiff/Wales. Immerhin ging es da um die Fahrkarte zur EM nach England. Die Waliser hatten, von Helmer abgefälscht, ausgeglichen. Noch dreizehn Minuten waren zu spielen. Da schnappte sich der Libero den Ball, weil er einen inneren Wutanfall bekommen hatte: »Wir haben vorher gesagt, dass wir eine spielerisch und charakterlich starke Mannschaft haben. Wenn man das sagt, muss man in Wales auch gewinnen. Bums. Schluss. Aus.«

Und diese Mannschaft gewann durch ein Kopfballtor von Jürgen Klinsmann elf Minuten vor Schluss. Weil sich Sammer die Freiheiten auf dem Platz nahm, die nur ein guter Libero für sich beanspruchen kann. Wie ein freischaffender Künstler bewegte er sich zwischen den Strafräumen. Und nicht wenige fühlten sich an Beckenbauer erinnert, wenn der feine Techniker mal wieder an seinen Gegenspielern vorbeidribbelte und mit genauen Pässen die Angriffe einleitete. Mit gutem Gespür beschleunigte er einmal das Spiel, dann verlangsamte er es wieder. Und als er so richtig wütend war, ging von ihm auch der entscheidende Impuls zum Siegtreffer aus.

So weit war Matthias Sammer bei der WM 1994 in

den USA noch nicht. Wenn sich Fans an das 3:2 von Deutschland über Belgien erinnern, fällt zuerst der Name Völler: Mit seinen zwei Toren sorgte Rudi dafür, dass die deutsche Elf ins Viertelfinale einzog. Der beste Mann auf dem Platz aber hieß Matthias Sammer.

Zum dritten Mal in seiner Laufbahn hatte er die Aufgabe, Belgiens Spielmacher Enzo Scifo auszuschalten. Zum dritten Mal gelang ihm das, diesmal sogar mit Bravour. »Er war noch sehr viel besser, weil er sich noch mehr in die Offensive eingeschaltet hat. Er hat großartig gespielt«, lobte Bundestrainer Vogts, nachdem ihm Sammer beim Schlusspfiff in die Arme gefallen war.

Zusammen mit Guido Buchwald hatte Sammer, obwohl in Dortmund längst Libero, den Part im defensiven Mittelfeld übernommen. Er konnte hier all seine Tugenden ausspielen: Schnelligkeit, eine gute Technik, Aggressivität, ein Auge für die Situation, Ideenreichtum, Zähigkeit sowie eine fast nie erlahmende Einsatz- und Laufbereitschaft. Sammer damals: »Früher war ich Mittelstürmer und machte keinen Schritt zu viel nach hinten. Heute grätsche ich hinten im eigenen Strafraum. Und das ist genauso befriedigend wie ein Torschuss.« Es war übrigens sein letzter Auftritt in den USA: Gegen Bulgarien fehlte er wegen einer Wadenverletzung, Deutschland schied aus. »Mit Sammer«, so ließ sich Vogts vernehmen, »wäre das nicht passiert.«

Der Höhepunkt seiner Laufbahn – und für ganz Europa offensichtlich war sicherlich der Auftritt bei der EM 1996 in England. Unvergessen sein Spiel gegen Kroatien, das er fast im Alleingang gewann (siehe Seite 135ff.). Unglaublich auch sein Auftritt im Finale gegen die Tschechen, das er erst zu verlieren schien und dann durch die gebündelte Willenskraft doch noch umzudrehen half.

Und über 500 Millionen TV-Zuschauer zwischen Barbados und Indien waren Augenzeuge, wie er 1997 die Champions League gewann. Das 3:1 über Juventus Turin mit Superstar Zinedine Zidane versetzte zunächst einmal eine ganze Region in einen Freudentaumel. »Mit Euch freuen sich Millionen von Malochern«, so schmetterte der ehemalige Arbeitsminister Norbert Blüm, ein bekennender BvB-Fan, in das Mikrofon, das beim »Champions-Ball« im Münchener Sheraton-Hotel aufgestellt war. 500 geladene Ehrengäste, darunter Bundestrainer Berti Vogts, die Sänger Roberto Blanco und Howard Carpendale, Dortmunds Europacupsieger von 1966 mit Lothar Emmerich und Akki Schmidt, hörten auch die pathetischen Worte von Dr. Niebaum: »Wir sind die Nummer eins in Europa. Kalle Riedle und Lars Ricken haben drei Tore für die Unsterblichkeit geschossen.«

Im Mittelpunkt stand aber einmal mehr Matthias Sammer. Er wirkte angeschlagen vor diesem Entscheidungsspiel am 28. Mai. Er dachte ans Aufhören, war schon bei Präsident Dr. Niebaum vorstellig geworden, der sich beeilte, öffentlich zu beteuern: »Matthias kann noch fünf Jahre bei uns bleiben.« Wegen seiner unzähligen Verletzungen stand er mehr denn je in der Kritik. Öffentlich wurde ihm bereits vorgerechnet, dass die Borussia ohne ihn weit weniger Gegentore kassieren würde als mit ihm. Selbst die Mitspieler mokierten sich mal wieder über sein Verhalten, wenn er zu Dr. Müller-Wohlfahrt nach München oder zu Physiotherapeut Klaus Eder nach Regensburg unterwegs war. Andreas

Möller urteilte so: »Das ist bei Matthias ein Kopfproblem.« Und er schickte gleich einen ultimativen Tipp für den bekennenden Antialkoholiker hinterher: »Der muss sich mal einen hinter die Binde kippen.«

Hohn und Spott von Medien wie Mitspielern hatten auch bei Matthias Sammer Spuren hinterlassen. Vor allem deshalb, weil er sich verkannt fühlte. Deshalb verriet er: »Ich habe kein Feuer mehr. Ich habe elf Monate gekämpft wie ein Löwe. Jetzt kann ich nicht mehr.« Ein Bekenntnis, das er eine Woche vor dem Finale gegen Juventus aussprach. Und in diesem Gespräch offenbarte er sein Problem, das nur die Dortmunder Verantwortlichen kannten und bis heute nicht öffentlich wurde: Sein Rücken spielte nicht mehr mit. Weil sich die Rückenwirbel verschoben, verkrampfte die Muskulatur, so sehr, dass er morgens sogar mit Schmerzen aufwachte und abends damit ins Bett ging. Dabei handelte es sich keineswegs um Verschleiß nach über zehn Jahren Profifußball. Sammer ehrlich: »Das ist ein Geburtsfehler.«

Und Sammer klagte: »Deshalb kann ich nicht richtig trainieren. Deshalb fehlt mir der Spielrhythmus. Und nur wer über einen längeren Zeitraum von Verletzungen verschont bleibt, ist in der Lage, absolute Topleistungen zu bringen. Für mein Spiel brauche ich das.

Irgendwann habe ich mich gefragt: Was kann ich aus mir machen? Ich war immer ein ganz guter Fußballer, aber unglaublich lauffaul. Als Mittelstürmer bin ich keinen Meter nach hinten gerannt. Also habe ich mir gesagt: Du musst mehr tun. Du musst die Defizite ausgleichen. Ich habe mehr trainiert als alle anderen. Habe mir dadurch Anerkennung verschafft und Topleistungen gebracht. Wie noch bei der EM. Da hatte ich die Probleme nicht, da konnte ich beschwerdefrei trainieren, weil mir auch Dr. Müller-Wohlfahrt und Klaus Eder täglich helfen konnten. Ich finde keinen anderen Helfer. Ich brauche einen Physiotherapeuten, der meinen Rücken ständig behandelt, der mir hilft. Ich finde keinen. Ich kann doch nicht immer nach Regensburg oder München fahren. Ich verliere Trainingszeit. Aber ich will kein mittelmäßiger Fußballer sein. Ich will wieder der Feuerkopf sein, will ein Spiel bestimmen, alles geben. Aber das kann ich nicht mehr.

Es hat mir unheimlich weh getan, wenn die Fans Feiersinger singen, obwohl er gar nicht aufläuft. Und ich als Abzocker hingestellt werde, obwohl es einfach nicht mehr geht. Ich kann nicht mehr.«

Das unglaublich offene Geständnis eines Superstars, geplagt von Selbstzweifeln, zermürbt von der Kritik. Und das unmittelbar vor dem vielleicht wichtigsten Spiel seiner Laufbahn, dem Finale der Champions League in München. Obwohl diese offenen Gedanken nie publik gemacht wurden, wurde doch viel spekuliert: Gibt Sammer noch beim Bankett seinen Rücktritt bekannt? Gibt er auf, schmeißt er wirklich hin?

Beim Abschlusstraining in Taufkirchen hing er schon nach der Aufwärmrunde weit zurück. Die Dehnübungen, die alle anderen zu zweit absolvierten, machte er allein. Und als die Leibchen für das Spielchen verteilt wurden, stieg Sammer nach kurzer Absprache mit seinem Trainer Ottmar Hitzfeld ganz aus. Die Fans sangen: »Sammer, wir brauchen Dich.« Und er fügte schnell hinzu: »Wann immer ich eine Chance habe, Fußball zu spielen, werde ich auch spielen.«

Er spielte. Und wie. Noch einmal, ein letztes Mal, zelebrierte er seine ganze Klasse in so einem wichtigen Spiel vor einem Millionenpublikum, vor der an den TV-Schirmen versammelten Fußballwelt. Noch einmal war er kraftstrotzender Leitwolf und konterte so sportlich elegant die ausufernden Anfeindungen gegen seine eigene Person – und das ausgerechnet gegen den schier übermächtigen Gegner, der noch zwei Jahre zuvor im UEFA-Cup-Finale die Borussia nahezu an die Wand gespielt hatte.

Immer wieder stemmte er sich gegen die Angriffe aus Turin, immer wieder kurbelte er mit Übersicht und Genialität das Dortmunder Angriffsspiel an. Und als es vollbracht war, als Borussia nach Bayern München und dem Hamburger SV als dritter deutscher Klub Europas höchsten Fußball-Thron bestiegen hatte, erstmals nach 1983 wieder der Titel an einen Bundesligaklub gegangen war, warf sich Sammer rücklings auf den Rasen und feierte so im Liegen seine eigene Auferstehung.

Noch einmal hatte er es allen gezeigt. Vor allem auch sich selbst. Dieses Finale von München, dieser 3:1-Triumph über Juventus Turin, wird auch für immer mit seinem Namen in Verbindung bleiben. 3:1 für Sammer, obwohl die Torschützen Riedle und Ricken hießen.

Nur vier Monate später ist die einmalige Karriere zu Ende.

Der Flirt mit Bayern

SCHAUPLATZ: HOTEL STANGLWIRT IN KITZBÜHEL
DATUM: 31. DEZEMBER 1995, SILVESTER

Seit dem WM-Triumph von 1990 ist der »Stangl« Sportlertreff. Hier, unterhalb des »wilden Kaisers« und unweit von Fußball-Kaiser Franz Beckenbauer, mieten sich viele prominente Fußballer ein. Auch weil sich in unmittelbarer Nähe von Franz Beckenbauer einige andere Fußballer niedergelassen haben. Lothar Matthäus zum Beispiel hatte sich hier ein Häuschen gekauft, das nach der Scheidung seine erste Ehefrau Silvia behielt. Andreas Brehme nennt hier eine Wohnung sein eigen, Stefan Reuter ebenso. Und auch Manni Müller, der ehemalige Bayern-Torwart, der heute als TV-Produzent von Bundesligaspielen im Geschäft ist, hat hier ein zweites Zuhause gefunden.

Der »Stanglwirt« liegt in Going, direkt an der Hauptstraße, die von der Autobahn zum Prominenten-Skiort Kitzbühel führt. Ein für die Gegend typischer Landgasthof, dem man seine Größe von außen gar nicht ansieht. Hinter den mit Schnitzereien verzierten Holzbalkonen versteckt sich ein kleines Paradies: Wellness-Bereich, Suiten, Saunas, Bars, ein betreuter Kindergarten, nebenan ein Pferdestall. Gemütlich ist es hier, eine Atmosphäre so richtig zum Wohlfühlen.

Es hat sich herumgesprochen unter Fußballern. Rudi Völler ist ein ständiger Gast, Thomas »Icke« Häßler auch, und die Lokalgrößen wie Toni Sailer oder Hansi Hinterseer schauen auch regelmäßig mal vorbei auf ein Schnapserl, einen Jaga-Tee oder ein Glaserl Wein.

Hier hat sich auch die Familie Sammer eingenistet. Schwer genug für Ehefrau Karin, ihren Matthias mal zu einem Urlaub zu überreden. Ein Besuch bei den Schwiegereltern in Stuttgart ist für ihn schon wie eine Weltreise, das höchste der Gefühle eine Stippvisite bei Tante Moni in Gmund am Tegernsee. Sonne mag er überhaupt nicht, vielleicht weil die blasse Haut so empfindlich reagiert. Aber den »Stangl«, wie die Sportler ihr Winterdomizil nennen, den mag er inzwischen doch.

Nein, Matthias ist kein Skifahrer. Aber er liebt die Gespräche am Kamin, die heftigen Diskussionen mit Freunden und die Fachgespräche mit den Fußball-Kumpels. Die Spaziergänge im Schnee mag er ebenso wie die Einladungen, die hier geradezu zwangsläufig auf den Tisch flattern. Hallenfußball wird gespielt, wenn auch zumeist ohne Sammer. Und jetzt hat Franz Beckenbauer Gäste in seinen Golfklub »Kaps« eingeladen. Auch da wird diskutiert, geredet, geschwärmt. Und ganz gezielt steuert der Franz das Gespräch auf seine Bayern: »Matthias, hättest Du nicht Lust, für uns zu spielen?«

Tags darauf ist Silvester. Und schon gibt es die nächste Einladung. Diesmal ist es Rudi Houdek, Wurstfabrikant und »graue Eminenz« des FC Bayern. Alt ist er geworden, der Rudi. Aber in seiner Glanzzeit hat er sogar ein gewichtiges Wörtchen bei der Nationalelf mitgeredet. Schon die Weltmeister von 1954 mit Fritz Walter hat er mit seinen Wurstwaren versorgt. Und als die Bayern den deutschen Fußball dominierten – die Beckenbauers, Maiers, Müllers – und der Präsident Wilhelm Neudecker auch noch dem Ligaaus-

schuss vorstand, war er überall mit Rat und Tat (und finanziellen Mitteln) zur Stelle. Auch deshalb sind sie ihm noch heute alle verbunden.

Rudi Houdek hatte schon immer eine Zweitresidenz in »Kitz«. Houdek war es auch, der für Franz Beckenbauer den Weg in die österreichischen Berge ebnete. Und wegen Franz kamen die anderen, der Matthäus, der Brehme, der Reuter und jetzt auch Sammer. Wenn er einlädt, lässt sich das nicht ausschlagen, noch dazu an Silvester. Noch bevor die Zeiger auf Mitternacht zugehen und das EM-Jahr 1996 einläuten, stehen sie wieder zusammen: Karin und Matthias Sammer, Sibylle und Franz Beckenbauer. Sie plaudern über den Fußball und wieder über die Bayern: »Hättest Du nicht Lust …«

Er hatte Lust. Und es war ein ganz heißer Flirt zwischen Matthias Sammer und dem FC Bayern München.

Dabei war es noch kein Jahr her, dass Matthias seinen Vertrag in Dortmund verlängert hatte. Am 22. Februar 1995 wurde der Vollzug gemeldet. Vier Wochen zuvor schon hatte er Präsident Dr. Gerd Niebaum in die Hand versprochen, dass er bleibt. »Mein Wort gilt«, hatte er gesagt. Denn für Matthias gelten auch andere Werte als Geld oder Luxus. Er hatte nicht vergessen, dass Dortmund ihn aus Mailand zurückgeholt hatte, aus der italienischen »Verbannung«. Und diese Unterschrift unter die Vertragsverlängerung um weitere vier Jahre bis ins Jahr 1999 erfolgte auch aus Dankbarkeit.

Einen Tag nach seinem Ja-Wort hatte bei ihm das Telefon geklingelt. Uli Hoeneß war am Apparat. Matthias erzählte es so: »Was sollte ich ihm sagen? Ich konnte doch nicht verraten, dass ich gerade mit Dortmund einig geworden war. Ich hatte Dr. Niebaum mein Wort gegeben, nichts darüber zu sagen. Also habe ich Uli Hoeneß vertröstet. Ihm gesagt, dass mich das Angebot ehrt, dass ich es mir überlegen werde.«

Jetzt aber, an Silvester 1995, standen die Vorzeichen anders. Zum einen kam jetzt die Offerte vom »Kaiser« persönlich. Zum anderen hatte sich die Lage in Dortmund verändert. Nach der ersten Meisterschaft kamen plötzlich Risse ins zuvor so zielorientierte Borussen-Gefüge. Und immer häufiger zweifelte Sammer, ob Borussia wirklich in der Lage war, mit Europas Großen konkurrieren zu können. In der Champions League hatte Ajax Amsterdam gezeigt, wie groß der Unterschied zu den Großen noch war. Und dabei war Ajax trotz solcher Stars wie van der Saar im Tor, mit Reisiger, mit Davids, mit Kluivert und dem Trainer Louis van Gaal noch nicht einmal die Nummer eins in Europa.

Gleich nach Weihnachten startete Borussia zur Vorbereitung auf die Rückrunde ins Trainingslager nach Brasilien. Für Sammer war das ohnehin schon die Hölle: Diese Hitze, diese Luftfeuchtigkeit, diese extreme Zeitverschiebung – nichts hasst der Rotschopf mehr als das. Doch all seine Proteste fanden kein Gehör. Ein Rückschlag für ihn, der sich und seine Argumente für stark genug hielt, bei Borussia ein gewichtiges Wörtchen mitzusprechen. Obwohl er kein Kapitän war (die Binde trug nach wie vor das Dortmunder Eigengewächs Michael Zorc), fühlte er sich in der Hierarchie ganz oben. Nur hier nicht, in der Frage des Trainingslagers. Alle Interventionen beim Trainer und Präsidenten wurden abgeschmettert. Er musste mit.

Und deshalb beschäftigten ihn die so leicht dahin gesagten Worte von Franz Beckenbauer mehr, als jemals öffentlich wurde: Matthias Sammer wollte weg! Weg aus Dortmund hin zu den Bayern!

Mit eindeutig zweideutigen Aussagen heizte er selbst die öffentliche Diskussion an. »Fakt ist, dass ich beim BvB einen Vertrag bis 1999 habe, und den werde ich versuchen zu erfüllen. Alles andere ist Spekulation.« Das klang nicht nach einem Treueschwur. »Ich sage nicht, ich wechsele nie. Dafür ist das Geschäft zu kurzlebig.« Das klang schon eindeutiger, nach Abschied. »Dass ich ein Faible für den FC Bayern München habe und diese Sympathien gegenseitig sind, ist doch bekannt.« Aha, damit war die Zieladresse auch bekannt.

Während Sammer aus Brasilien einige Störfeuer gen Deutschland sandte, machte sich zu Hause in Dortmund Präsident Dr. Niebaum seine Gedanken: »Ich kenne nur Sammers besonderes Verhältnis zum VfB Stuttgart. Aber für Matthias geht wohl ein gewisser Anreiz von Wintersportorten wie Kitzbühel aus.« Daraus war deutlich zu entnehmen: Niebaum wusste, was an Silvester gelaufen war. Er kannte die Offerte der Bayern.

Und die sollten bald alle wissen. Mitten im Trainingslager bat Sammer die Mannschaft zu einer Aussprache. Ohne Manager Meier, ohne Trainer Hitzfeld, ohne Co-Trainer Henke, dem sie den Spitznamen »das Ohr« verpasst hatten, weil er nicht nur der verlängerte Arm des Trainers, sondern auch das vergrößerte Ohr von Ottmar Hitzfeld war und alles reportierte, was er so aus dem Spielerkreis mitbekam.

In dieser Sitzung sprach Sammer sehr offen die Wahrheit aus: »Ja, ich habe ein Angebot des FC Bayern. Ja, ich überlege ernsthaft, den Verein zu verlassen. Ja, ich verspreche Euch, dass ich alles dafür geben werde, dass wir wieder Meister werden und die Bayern auf Platz zwei verweisen.«

Warum Sammer so offen, so schonungslos ehrlich mit seinen Mitspielern umging? Er erklärte es so: »Diese Gerüchte, diese Spekulationen, dieses Gerede hinten herum mag ich nicht. Ich wollte einfach, dass jeder Bescheid weiß. Und ich wollte, dass wir unser Ziel nicht aus den Augen verlieren. Ich wollte wieder Meister werden.«

Die Mannschaft überraschte diese Offenheit nicht. Denn wie immer, wenn die Bayern die Tabelle nicht von oben anführen, sondern einen ernst zu nehmenden Konkurrenten hatten, waren sie gleich bei mehreren Dortmunder Spielern »am Ball«. Weil sie auf der rechten Abwehrseite Probleme hatten, machten sie Stefan Reuter ein Angebot. Und weil sie den Kampfeswillen von Steffen Freund bewunderten, klingelte auch bei ihm das Telefon. So hatten es die Bayern immer gemacht: Lothar Matthäus und Calle del´ Haye kamen von Borussia Mönchengladbach. Neubarth und Riedle sollten kommen, als Werder Bremen die Titel einheimste. Und als der 1. FC Nürnberg mit jungen, hungrigen Spielern aus der Zweiten Liga bis in die UEFA-Cup-Ränge stürmte, wurden flugs Reuter und Grahammer nach München verpflichtet und damit dem »Club« das Herz geraubt.

Jetzt also hieß der größte Konkurrent Borussia Dortmund. Also wurde in Dortmund zu wildern versucht, nachdem Thomas Helmer bereits den Weg von der Roten Erde in die Säbener Straße angetreten hatte.

Aber was wollten die Bayern mit Sammer?

Lothar Matthäus war 1992 aus Mailand zurück gekehrt. Er hatte sich als Libero etabliert. Er war der Chef mit der Nummer 10 und hatte das Sagen. Glaubten sie nicht mehr an eine Rückkehr von Matthäus?

Der Weltmeister von 1990 hatte sich im Januar 1995 die Achillessehne gerissen und war im Juni ein zweites Mal an dieser stärksten Sehne des menschlichen Körpers operiert worden. Er hatte zwar sein Comeback geschafft, aber noch lange nicht seine Bestform. Außerdem war er fast 36 Jahre alt – zu alt, um auf europäischem Topniveau mithalten zu können?

Die Bayern schienen diese Zweifel zu haben. Sammer nicht. Ihm imponierten der Wille, die Kraft und das Können von Matthäus. Und er hatte Respekt vor der Leistung: Matthäus war Weltmeister, italienischer Meister, Deutscher Meister, hatte überall Erfolg und weit mehr Titel als er. Solche Werte zählten für ihn. Und deshalb war ihm egal, wie die Bayern planten: Sammer für Matthäus, Sammer mit Matthäus. Er beharrte auch nicht auf dem Libero-Posten. Bei einem Topteam wie Bayern hätte er sich auch ein Wechselspiel vorstellen können oder ganz einfach eine Position im verwaisten Mittelfeld.

Sammer und Bayern – neue Nahrung bekam sein Flirt durch den öffentlich gewordenen Schuhkrieg. Gerade in diesen Tagen im Januar 1996 kam ein neuer Prospekt von »adidas« auf den Markt. Darin abgebildet war Matthias Sammer im Dortmund-Outfit, doch ohne das Firmen-Logo des Dortmunder Sponsors »Nike«. Die Werber hatten den »Swush« einfach weg retuschiert. Das wiederum brachte »Nike« auf die Palme. Rolf Dohmen, der Marketing-Direktor Deutschland, stellte ein brutales

Ultimatum: »Ab jetzt heißt es entweder oder: Entweder spielt Sammer zum Rückrunden-Start in »Nike«-Schuhen, oder Dortmund muss eine saftige Vertragsstrafe zahlen!« Immerhin ließ sich die US-Firma den Kontrakt mit Dortmund jedes Jahr stolze 5 Millionen Mark kosten. Und das nur dafür, dass die Spieler ihre Schuhe trugen.

In der Firmenzentrale in Chicago ließ der US-Konzern extra Spezialschuhe für Sammer anfertigen, weil der sich über schlechte Lauf- und Schuss-Eigenschaften beklagt hatte. Doch auch diese Sonderanfertigung konnte vor Sammers kritischen Augen gegenüber seinem Schuhwerk nicht bestehen. Zu eng war seine Beziehung mit »adidas«, zu groß die Vertrautheit zu den Schuhen mit den drei Streifen. Deshalb hatte er das gemacht, was viele Fußballer tun: Er hatte die drei Streifen überklebt und das Firmenlogo des BvB-Sponsors gut sichtbar angebracht und weiter in seinen Lieblingsschuhen gespielt. Zu erkennen war der Unterschied immer noch an den Schuhsohlen – und somit auf vielen gedruckten Fotos in diversen Zeitungen.

Mit Dortmunder Wissen hatte Sammer am 20. Dezember 1994 einen Drei-Jahres-Vertrag mit »adidas« unterschrieben. Natürlich hatte er sich darin verpflichtet, in den Spielen die vorgeschriebene Vereinskleidung zu tragen. Da er aber gleichzeitig Nationalspieler war und die DFB-Auswahl Trainingsanzüge, Schuhe und Bälle aus Herzogenaurach vertraglich zur Schau stellte, schien das kein Problem. Denn auch in seiner Freizeit konnte Sammer mit der Drei-Streifen-Kleidung auflaufen.

Das Datum des »adidas«-Vertrages war deshalb so

wichtig, weil die Vertragsverlängerung mit Dortmund erst Monate später legalisiert wurde. Pfiffige Juristen fanden bereits heraus, dass damit die Voraussetzungen für den Vertrag mit Dortmund nicht erfüllt seien, die Verlängerung somit nicht gültig und der alte Vertrag wieder gelten würde. Und der endete am 30. Juni 1996. Ohne Ablösesumme hätte Sammer demnach zu den Bayern wechseln können.

»Nein, nein, ich will keine juristische Auseinandersetzung«, beeilte sich Sammer zu sagen. Doch die Lawine kam bereits ins Rollen. BvB-Manager Michael Meier, auf Vertragstreue mit den Sponsoren bedacht, forderte: »Sammer muss ab sofort mit ›Nike‹-Schuhen spielen.« Und das, obwohl Borussia den »adidas«-Vertrag von Sammer bis ins Detail kannte und auch mehr als ein Jahr geduldet hatte, dass er in den Drei-Streifen-Schuhen auflief und nur das Logo überklebte.

Die Verbindung von »adidas« zu Bayern ist bekannt. Schon Firmengründer Adi Dassler hatte die Kontakte geknüpft. Die Bayern galten immer als Aushängeschild für die Firma aus dem fränkischen Herzogenaurach. Repräsentanten des Konzerns fuhren die 180 Kilometer zu jedem Heimspiel und demonstrierten so auch ihre persönliche Verbundenheit. Zugleich repräsentierte Franz Beckenbauer den Konzern weltweit. Und auch Bayern-Vize Kalle Rummenigge erhielt einen Repräsentanten-Vertrag. Dass die Münchner mit Drei-Streifen-Schuhen spielen, ist fast so alt wie der FC Bayern selbst (gegründet 1900). Nichts lag da also näher als ein Wechsel von Sammer nach München.

Doch mitten hinein in die ernsthaften Wechsel-Überlegungen des Matthias Sammer platzte ein Interview von Karl-Heinz Rummenigge. Da behauptete der Bayern-Vize: »Die Initiative für einen Transfer nach München geht doch von Sammer aus.« Ein Satz mit fataler Wirkung für die Bayern.

Denn Matthias Sammer fühlte sich so in seiner Ehre gekränkt: Hatte er es nötig, sich bei irgendeinem Klub der Welt anzubieten? Wieso gingen die Bayern plötzlich auf Distanz? Wieso stellten sie plötzlich alles so dar, als sei er die treibende Kraft für diesen Wechsel? Hatten die Bayern vielleicht kein Interesse mehr? Wollten sie so aus der von Beckenbauer und Hoeneß ausgesprochenen Offerte wieder heraus kommen?

Fragen über Fragen, die in ihm bohrten. Natürlich griff er nicht zum Telefonhörer, er rief weder Franz Beckenbauer noch Uli Hoeneß an. Natürlich verschwieg er weiter öffentlich sein Treffen mit Beckenbauer und das Werben des Bayern-Präsidenten. Aber diesen Satz von Rummenigge konnte er nicht auf sich sitzen lassen. Tage später korrigierte er ihn so: »Die Bayern haben sich wegen eines Wechsels bei mir gemeldet. Das war am Tag, nachdem ich beim BvB mein Ja-Wort gegeben habe. So viel zum Thema Initiative.« In diesem Moment erst wurde bekannt, dass die Bayern bereits ein Jahr zuvor den Dortmunder Libero umworben hatten.

Pikant auch: Sammer hatte mit Norbert Pflippen aus Mönchengladbach den selben Berater wie Matthäus. Deshalb hatten die Bayern auch darauf gedrängt, ihm nichts zu sagen. Denn wie sollte er entscheiden: für Sammer, gegen Matthäus? Trotzdem saßen sie eines Tages beim Italiener in Dortmund zusammen und machten eine Liste: Was spricht für Dortmund, was dagegen? Was für Bayern, was gegen Bayern? Punkt für

Punkt wurde diskutiert und aufgelistet. Das Ergebnis überraschte beide, Sammer genauso wie Pflippen: Als der Schlussstrich gezogen wurde, stand da ein Plus für Dortmund.

Auch die Rummenigge-Initiative hatte die Liebe von Matthias Sammer zum FC Bayern mächtig abkühlen lassen. Der Flirt war Vergangenheit.

Also ging es nur noch um Aufräumarbeiten: Der Schuhvertrag musste geklärt werden und – vielmehr noch – die Perspektive in Dortmund. Die konnte nur einer vermitteln, Präsident Dr. Gerd Niebaum.

Nach der Rückkehr aus dem ungeliebten Trainingslager in Brasilien bat Sammer um eine Privataudienz in der Villa des Dortmunder Rechtsanwalts. Ein Gespräch unter Männern, denn kein anderer als Dr. Niebaum hatte die neue Borussia geprägt. Als er 1986 in das Amt des Präsidenten gewählt worden war, stand die Borussia vor dem Konkurs und mit einem Bein in der Zweiten Liga. Der FC Bayern hatte sich – großzügig, wie die Münchner nun einmal sind – zu einem Benefizspiel herabgelassen, um Dortmund zu helfen. Und Jürgen Wegmann war es, der in der Nachspielzeit beim Relegationsspiel gegen Fortuna Köln das 3:1 erzielte, das ein drittes Entscheidungsspiel überhaupt möglich machte. Erst das gewann Dortmund dann 7:0 und sicherte sich so den Verbleib in der Bundesliga.

Niebaum hatte Norbert Dickel von der Kölner Ersatzbank verpflichtet und dazu Frank Mill, der in Gladbach als Auslaufmodel galt. Beide zusammen schossen die Borussia 1989 zum Pokalsieg (4:1 gegen Bremen). Niebaum hatte den Mut, für den damals 19-jährigen Andreas Möller die Rekordablösesumme von 2,4 Millionen Mark an die Frankfurter Eintracht zu überweisen, die zu der Zeit mit Detari und Bein bereits zwei Mittelfeldstrategen in ihren Reihen hatte. Genauso, wie Niebaum 2001 darauf drängte, den 25-Millionen-Mann Tomas Rosicky aus Prag zu holen. Viel wichtiger aber: Vor der EM 1992 läutete erneut Niebaum eine neue Epoche ein, indem er eine Rückholaktion der Deutsch-Italiener startete: erst Reuter, dann Möller, Sammer, Riedle, Kohler und zuletzt Wörns (aus Frankreich). All diese Visionen hatte er umgesetzt und so Dortmund auf die Erfolgsspur geführt.

Dieses Werk sah Sammer jetzt gefährdet. Viel blieb zu tun nach der ersten Meisterschaft: Die Trainingsbedingungen waren nach wie vor katastrophal. Niebaum versprach Abhilfe. Die Mannschaft drohte auseinander zu brechen. Auch da konnte Niebaum Sammers Bedenken zerstreuen. Reuter und Freund blieben in Dortmund. Und auch das leidige Schuhthema wurde zu den Akten gelegt. Sammer durfte weiter in »adidas«-Schuhen spielen.

So hatte der heftige Flirt mit den Bayern auch seine guten Seiten: Die Fronten wurden geklärt. Und so die nächsten Erfolge eingeleitet: Deutscher Meister 1996, Gewinn der Champions League 1997.

Die Krönung

SCHAUPLATZ: WEMBLEY-STADION IN LONDON
DATUM: 30. JUNI 1996

Er fuchtelt wie wild mit den Armen. Hilf- und ratlos gleichermaßen. Sein Gerechtigkeitssinn droht mit ihm durchzugehen. Er könnte den Schiedsrichter würgen, umbringen, steinigen. Aber er beißt sich auf die Zunge, als Schiedsrichter Parietto aus Italien auf den Elfmeterpunkt zeigt. Elfmeter für Tschechien.

Dabei ist er sich sicher: Seine Grätsche hat den Ball und nicht den Mann getroffen. Poborsky, der schnelle Flitzer, war auf und davon. Er hat das rechte Strafraumeck erreicht, als Matthias Sammer, der deutsche Libero, heranfliegt und tackelt. Der Tscheche hebt ab, fliegt in den Strafraum. Aber der Kontakt von Fuß und Ball und Mann gegen Mann war eindeutig vor der weißen Kreidelinie. Nicht mal ein Foul war es, schon gar kein Elfmeter.

Der Pfiff dringt in sein Fußballer-Herz. Und als er seinen Kopf dreht zum Mann in Schwarz und die eindeutige Gestik sieht, den ausgestreckten Arm hinein in den Strafraum auf den berühmten Punkt, ist es wie ein Schock: Soll dieses EM-Finale wirklich durch einen ungerechten Schiedsrichter-Pfiff entschieden werden? Alles aus wegen einer falschen Entscheidung, eines Irrtums?

Es ist das Finale der Europameisterschaft. Und die Uhr

tickt unerbittlich gegen die favorisierten Deutschen, die in der Vorrunde die Tschechen schon mit 2:0 geschlagen hatten. Aber jetzt hat der krasse Außenseiter plötzlich die Chance zur Führung. Und es sind nur noch 33 Minuten zu spielen.

Patrick Berger gegen Andreas Köpke – so heißt das Elfmeter-Duell. Köpke, der Elfmetertöter. Gegen Italien hat er in der Vorrunde den Strafstoß von Del Piero abgewehrt, und er hat die Engländer im Elfmeterschießen aus dem Wettbewerb geboxt. Jetzt läuft der Tscheche an, der früher in Dortmund gespielt hat und jetzt in Liverpool seine Brötchen verdient. Ein, zwei, drei Schritte, dann der stramme Schuss mit dem kraftvollen linken Fuß.

Matthias Sammer steht an der Strafraumlinie. Während Berger noch anläuft, schießen ihm tausend Gedanken durch den Kopf. Es muss einen Fußball-Gott geben, einen, der gerecht ist. Entweder Köpke hält oder wir müssen das Ding noch umdrehen.

Diesmal ist Andreas Köpke, sein Freund seit der EM 1992 in Schweden, machtlos. Unter seinem Körper hindurch flutscht der Ball ins Netz. Außenseiter Tschechien führt 1:0.

Matthias Sammer läuft zur Außenlinie zu Trainer Berti Vogts. »Es war kein Elfer«, ruft der deutsche Libero seinem Trainer zu. Der versichert nur: »Ja, ja, ich weiß. Weiter, weiter, es sind nur noch 30 Minuten.«

Der Blick, den Sammer seinem Trainer entgegenschleudert, spricht Bände. Wut und Wille, Enttäuschung und Jetzt-erst-recht-Reaktion – eine Mischung aus allem. Berti Vogts schaut in die Augen von Sammer. Und er sagt später, was er da gesehen hat: »Von da an wusste ich, dass wir gewinnen.«

Längst wissen auch wir: Deutschland wurde 1996 Europameister. Bis heute blieb es der letzte Erfolg einer deutschen Nationalmannschaft. Und der Garant dafür hieß Matthias Sammer.

Es war auch der Triumph der Anti-Matthäus-Fraktion. Das klingt zwar merkwürdig, ist aber plausibel, wenn man die Hintergründe kennt. Im Dezember 1994 hatte Matthäus, der Kapitän der Weltmeisterelf von 1990, sein letztes Länderspiel beim 2:1 gegen Albanien bestritten. Einen Monat später war bei einem Freundschaftsspiel in Bielefeld die Achillessehne gerissen. Im Sommer 1995 folgte die zweite Operation an der lädierten Sehne. Aber im Herbst stand der unermüdliche Kämpfer wieder auf dem Platz und klopfte (natürlich) wieder an die Tür der Nationalmannschaft.

Nur: Dort hatte Berti Vogts einen Kapitänswechsel vornehmen müssen. Statt Matthäus trug Jürgen Klinsmann jetzt die Verantwortung. Und der Bundestrainer hatte mit Matthias Sammer einen neuen Libero gefunden – zwei Gründe, die gegen ein Matthäus-Comeback sprachen.

Vogts hatte eine neue Hierarchie in der Nationalelf geschaffen, was gegen die Rückkehr von Matthäus sprach. Er befürchtete, dass das gerade mühsame gewachsene Mannschaftsgefüge erneut durcheinander gewirbelt würde. Er entschied sich also weniger gegen den Spieler, als gegen die Persönlichkeit von Matthäus, als er bei seinem EM-Kader auf die Nominierung des deutschen Rekord-Nationalspielers verzichtete.

Die Situation in München bei den Bayern aber war anders. Dort hieß der Kapitän nicht Klinsmann, sondern Matthäus. Dort hatte der Weltmeister längst wieder das Sagen – unterstützt von Franz Beckenbauer, der Ende der Saison bei den Bayern als Trainer eingesprungen war. Nach einer 0:1-Niederlage gegen Rostock musste Otto Rehhagel gehen. Der Mann, der Klinsmann, Bremens Herzog und Lauterns Sforza geholt hatte und aus Bayern ein »Dream Team« formen wollte. Er führte die Münchner zwar zu einem grandiosen Sieg im UEFA-Cup-Halbfinale in Barcelona, aber in der Meisterschaft waren sie nur die Nummer zwei. Aus Angst, am Saisonende ohne Titel da zu stehen, zogen die Bayern die Reißleine. Franz Beckenbauer, damals Vizepräsident, übernahm die Mannschaft in den letzten Wochen. Bei den Endspielen aber stand der »Kaiser« an der Seitenlinie. Und nach den beiden Siegen über Girondins Bordeaux reckte Lothar Matthäus den Pokal in den französischen Nachthimmel: den Cup, den die Bayern nie zuvor gewonnen hatten.

Mit dem »Kaiser« holte der FC Bayern wenigstens einen Titel. Die Meisterschaft gelang ihm nicht mehr. Die ging erneut nach Dortmund.

So konnte Bundestrainer Berti Vogts, als er seinen Kader für die EM 1996 zusammenstellte, Siegertypen um sich versammeln. Denn natürlich stellten die Bayern (mit Klinsmann, Helmer, Scholl, Kahn, Babbel, Ziege und Strunz) sowie die Dortmunder (mit Sammer, Freund, Reuter, Kohler und Möller) das Gros der Mannschaft, die in England die deutschen Farben vertreten sollte.

Ein Matthäus-Interview in *Sport-Bild*, veröffentlicht am letzten Tag des EM-Vorbereitungslehrgangs in Nordirland, sorgte dann für den Eklat. Er bezichtigte Klinsmann, ihn aus der Nationalelf geboxt zu haben. Berti Vogts reagierte erbost: »Matthäus wird nie wieder für Deutschland spielen«, ereiferte sich der Bundestrainer live via TV. Und die Bayern-Spieler, angeführt von Klinsmann und Helmer, setzten tags darauf ein Fax auf, in dem sie den Bayern-Vorstand um Franz Beckenbauer aufforderten, Matthäus in München vom Kapitänsamt zu entbinden. Zwar gab das Bayern-Präsidium dem Ultimatum nicht statt, doch sorgte diese Haltung dafür, dass sich bei Münchens Nationalspielern eine Trotzreaktion breit machte: Denen zeigen wir´s – jetzt erst recht. Die Anti-Matthäus-Fraktion.

Und mittendrin stand Matthias Sammer. Der Dortmunder Führungsspieler verstand es meisterlich, sich aus diesem Dschungel der Münchner Intrigen herauszuhalten. Und er verhinderte auch, dass die Mannschaft in zwei Lager gespalten wurde. Ganz im Gegenteil: Die Wut auf Matthäus schlug um in einen Solidarpakt der Bayern-Spieler zu Gunsten der Nationalelf.

Sammer selbst hatte kein Problem mit Matthäus. Nicht nur, dass sie bei der WM 1994 in den USA oft auf einem Zimmer saßen. Sammer hatte einfach Respekt vor der Leistung, die Matthäus in seiner langen Karriere gebracht hatte. Und hier, bei dieser EM in England, ging es nur um eines: Um den Erfolg!

In Extraschichten hatte er sich seine körperliche Fitness geholt, hatte sein Aufbauprogramm noch in Nordirland im Trainingslager mit DFB-Physiotherapeut Klaus Eder durchgezogen und sich rechtzeitig vor dem Turnierstart fit gemeldet.

Zwar trug Jürgen Klinsmann die Kapitänsbinde, aber der heimliche Chef war Matthias Sammer. Er war das Regulativ zwischen der Bayern-Fraktion und den Dortmunder Meister-Spielern. Er haute auf den Tisch, wenn er es für nötig hielt, und er zeigte auf dem Platz, was er von sich und den anderen erwartete.

Die deutsche Heimat hieß Mottrem Hall: ein schlossartiges Hotel mit angrenzendem Park (und Golfplatz) im Süden der mittelenglischen Metropole Manchester. Hier, im Stadion Old Trafford, wo Manchester United zu Hause ist, durften die Deutschen ihre drei Vorrunden-Spiele austragen.

Der Auftakt gelang mit einem 2:0 gegen Tschechien. Es war kein stolzer Start, zumal für Jürgen Kohler die EM schon nach vierzehn Minuten mit einem Bänderriss beendet war, aber immerhin ein glatter Sieg durch Tore von Ziege und Möller. Mann des Tages jedoch war Matthias Sammer. Eine internationale Fachjury, vom europäischen Fußballverband auserwählt und von Bobby Charlton angeführt, machte Sammer zum »man of the match«. Andy Roxborgh, der ehemalige schottische Nationaltrainer, gehörte genauso zur Jury wie Alex Fergusson (Manchester United), der Holländer Rinus Michels und der große Pele. Was für eine Auszeichnung für Sammer, was für ein EM-Start für den Dortmunder!

Im Spiel Nummer zwei ging es dann gegen Russland. 3:0 hieß es am Ende – ein Ergebnis, das die schwache erste Halbzeit vergessen ließ. Und hier zeigte Matthias Sammer erstmals, dass er mehr war als nur ein Libero. Erst sein Tor zum 1:0 nach 56 Minuten ebnete den Weg zum Sieg, nachdem ihn sein Dortmunder Teamkollege Andreas Möller mustergültig frei gespielt hatte. Jürgen Klinsmann machte mit dem 2:0 und 3:0 den deutlichen Erfolg perfekt.

Die große Prüfung war Spiel Nummer drei: Deutschland gegen Italien, den von Arrigo Sacchi trainierten Ex-Weltmeister. Hier unterlief Sammer ein »kapitaler Fehlpass« (so die *Süddeutsche Zeitung*), »der ihn völlig aus der Bahn warf«. Sammer foulte Casiraghi im Strafraum und verursachte einen Elfmeter. Zwar konnte Köpke den Strafstoß von Del Piero abwehren, aber auch mit dieser Glanztat Sammer nicht trösten. Der Libero fühlte »so eine Leere im Kopf, das bringt mich innerlich zur Weißglut«. Und weil ihn dieser Aussetzer dermaßen beschäftigte, reihte er Fehler an Fehler. Nur mit Glück überstand die Nationalmannschaft diese neunzig Minuten. Es blieb beim 0:0. Ein Ergebnis mit fatalen Folgen für die Italiener. Weil sich gleichzeitig Russland und Tschechien 3:3 trennten, standen überraschend die Tschechen im Viertelfinale. Sacchi hatte sich schlichtweg verpokert. Im direkten Duell mit den Tschechen hatte er seine Stars geschont und prompt 1:2 verloren. Eine Scharte, die sich gegen die bereits qualifizierten Deutschen nicht mehr ausmerzen ließ.

Mit nichts kann Sammer schlechter umgehen als mit eigenen Unzulänglichkeiten. Dieser Aussetzer gegen Italien zermarterte sein Hirn. Drei Tage lang mauerte er sich ein und sagte selbst vorher vereinbarte Interviewtermine ab. Nur nachdenken, nachdenken, nachdenken.

Drei Tage später gab er seine Antwort auf dem Rasen. Da stand das Viertelfinale gegen das starke Kroatien an. Nur drei Tage nach seinem Italien-Flop zauberte er neunzig Minuten lang seine ganze Klasse auf den Rasen von Old Trafford. Er war Aufräumer in der Abwehr, Antreiber im Mittelfeld, und – als Jürgen Klinsmann verletzt raus musste – auch noch der deutsche Torschütze.

Als Sammer auf Halbrechts einen Sturmlauf startete, von Mehmet Scholl mit einem Lupfer herrlich in Szene gesetzt, und in den Strafraum eindrang, sprang dem Kroaten Nikola Jerkan der Ball an die Hand. Den fälligen Elfmeter verwandelte Klinsmann zum 1:0.

Die Kroaten waren besser, überzeugender ihre Aktionen, zwingender ihre Chancen. Und nach einem Fehler von Freund zeigte Davor Suker seine Klasse, umkurvte Andreas Köpke, indem er den Ball mit der Sohle an dem deutschen Torsteher vorbeizog und den Ball zum 1:1 ins leere Tor schob. Ja, wenn sie nicht mit ihrer überharten Spielweise sich selbst um den Erfolg gebracht hätten ...

Erst verletzte sich Klinsmann – Muskelfaserriss. Dann erwischte es Bobic – Schulterverletzung. Zuvor waren schon Kohler und Basler ausgefallen.

Aber die Deutschen hatten ja Sammer. Als das Spiel auf des Messers Schneide stand, schlich er sich wieder nach vorne, wurde von Markus Babbel mustergültig angespielt und wuchtete den Ball aus kurzer Entfernung zum 2:1 in Netz. »Der beste Mann auf dem Platz«, jubelte Berti Vogts und wurde von der UEFA-Jury bestätigt, die Sammer erneut zum »man of the match« kürte.

Deutschland stand im Halbfinale und hatte damit das erste Ziel erreicht. Jetzt wurde in Wembley weitergespielt, der Geburtsstätte des großen Fußballs, und das Mutterland England war der Gegner – jene Briten, von deren Sturm-Idol Garry Lineker der legendäre Satz stammt: »Fußball ist, wenn 22 Männer hinter einem Ball herlaufen. Und am Ende gewinnen immer die Deutschen.«

Die englischen Boulevard-Blätter rückten alle alten Spiele noch einmal in Szene: das 3:2 nach Verlängerung bei der WM 1970, als die Engländer schon 2:0 geführt hatten; das EM-Viertelfinale 1972, als Deutschland mit Netzer als Spielmacher erstmals in Wembley gewann; das Halbfinale bei der WM 1990, als Stuart Pearce mit seinem Elfmeter am Knie von Bodo Illgner gescheitert war und Deutschland statt England ins Finale von Rom einzog.

Jetzt also schworen sie Revanche. »Wir erklären Deutschland den Fußballkrieg«, hieß es im *Daily Mirror*. Der Chefredakteur des Blattes forderte die deutsche Botschaft in London sogar auf, »General Vogts und seine Streitkräfte« sollten sich ergeben.

Aber sie hatten nicht diesen deutschen Team- und Kampfgeist erwartet.

Die Elf von Vogts kämpfte wie nie. Auch ohne ihren verletzten Kapitän und Sturmführer Jürgen Klinsmann, noch ein Jahr zuvor als Spieler von Tottenham Hotspurs zum »Fußballer des Jahres« auf der Insel gekürt, hieß es 1:1 nach neunzig Minuten, 1:1 auch nach 120 Minuten, obwohl ein »Golden Goal« das vorzeitige Ende bedeutet hätte. Beide Mannschaften schenkten sich nichts. Beide drückten aufs Tempo. Beide wollten die Entscheidung. »Die beste Verlängerung, die je eine deutsche Mannschaft gespielt hat«, lobte Vogts. Aber wieder musste das Duell aus elf Metern entscheiden.

Als Berti Vogts seine fünf Schützen zusammensammelte, verkroch sich Sammer ganz schnell im hintersten Winkel: »Das ist nichts für mich. Elferschießen mag ich nicht, weil ich beim Anlauf immer überlege.« Der Mann, der 120 Minuten gekämpft, sein Team geführt hatte, ging auf Tauchstation. Als der Bundestrainer aber den gerade zuvor eingewechselten Thomas Strunz nominierte, legte Sammer einen letzten Sprint hin – direkt zu Vogts: »Trainer, das können Sie nicht machen.« Es war seine Besorgnis, sein Zittern um den greifbar nahen Erfolg.

Alle fünf Schützen trafen, Strunz genauso souverän wie Häßler, Reuter, Ziege und Kuntz. Englands Schütze Nummer sechs, Gareth Southgate, aber scheiterte an Andreas Köpke. Als anschließend Andy Möller mit einem gewaltigen Vollspannschuss in die Tormitte zum 6:5 traf und sich anschließend in aufreizender Pose wie zuvor der Engländer Gascoigne zum Publikum drehte, war der Triumph perfekt: Deutschland hatte es wieder geschafft, die Engländer erneut geschlagen, diesmal sogar in ihrem »Wohnzimmer«, im Londoner Wembley. Deutschland stand zum fünften Mal bei einer EM im Finale.

Hier warteten erneut die Tschechen, die Frankreich ebenfalls mit 6:5 nach Elfmeterschießen aus dem Wettbewerb geworfen hatten.

Das große Finale. Der große Triumph des Matthias Sammer.

Als die Schlacht geschlagen, die Jubelgesänge verklungen waren, schlenderte Matthias Sammer als einer der Letzten aus der Kabine. In seiner typischen Art: Sein rostroter Bart spross weit über das Drei-Tage-Maß hinaus. Er trug die Trainingshose mit den drei Streifen und Badeschlappen mit dem Bundesadler. Links unter den Arm geklemmt hielt er seinen voluminösen Kulturbeutel aus schwarzem Leder, rechts eine Banane. Der *Stern* beschrieb das, was nun folgte, so: »So seltsam sich

Sammer ausnahm, so populär war, was er sagte. Überlegt, mit ernster Miene und doch mit freudigem Glimmen in den blaugrünen Augen: ›Es ist schön, dass wir zurück sind. Es war eine beschissene Zeit.‹«

Jetzt, nach dem Triumph, war der Vulkan erloschen. Matthias Sammer war mit sich und der Fußballwelt im Reinen. Zuvor, auf dem Platz, war das anders.

Da explodierte der Feuerkopf wie selten zuvor. Unermüdlich trieb er die deutsche Mannschaft an. Immer und immer wieder. Angriff auf Angriff rollte auf das Tschechen-Tor. Und er gab sich erst zufrieden, als die Gerechtigkeit gesiegt hatte, als der für Scholl eingewechselte Bierhoff per Kopf den Ausgleich und in der 95. Minute das »Golden Goal«, das erste bei einer EM überhaupt, und das erste, das ein internationales Endspiel entschied, erzielt hatte.

»Matthias ist das Gehirn der Mannschaft«, lobte der Bundestrainer. Der *Stern* beschrieb, was Sammer auf dem Spielfeld zelebriert hatte, mit folgenden ausladenden Lobeshymnen: »Das Gehirn und der Schrittmacher und das Kraftwerk. Ein rechter Hitzkopf auf dem Feld. Ein Brüllaffe, ein Streithansel, ein Wüterich. Aber auch und insbesondere: ein Stratege und genialer Strippenzieher. Intuitiv bestimmte er das Spiel seiner Mannschaft. Trieb an, verzögerte, verlagerte die Stoßrichtung der Angriffe, gruppierte die Reihen der Verteidigung um und spielte, mehr als einmal, unwiderstehlich die Rolle des Matchwinners.« Gibt es mehr zu sagen?

Dieser 30. Juni 1996 krönte eine außerordentliche Persönlichkeit des deutschen Sports. Und natürlich machte die Fachjury der UEFA den deutschen Libero auch zum besten Spieler des Turniers.

Aber als die Ehrungen anstanden, als die Queen den Pokal aushändigte, rückte Matthias Sammer wie selbstverständlich in die zweite Reihe. Auf dem Siegerfoto, das vor der eilends herbeigeschafften Euro-Bande geschossen werden durfte, drängt sich Sammer nicht in den Mittelpunkt. Er steht am Rand. Wenn heute Fotos von der EM in England zu sehen sind, dann jubelt da Jürgen Klinsmann mit dem Cup, der Kapitän bei der Queen. Und vielleicht noch Berti Vogts mit aufgekrempelten Jackettärmeln, wie er sich mit einer »La Ola« bei den Zuschauern in Wembley bedankt. Aber von Sammer ist nichts zu sehen.

»Jetzt haben alle wieder Respekt«, sagte Sammer, als das Wembley-Stadion längst leer gefegt war und kaute noch immer an der Banane. In einer Zeit von »Wohlstandsjünglingen«, wie Berti Vogts diese Generation von arbeitsunwilligen Fußball-Jungmillionären bezeichnet hatte, hatte diese Mannschaft Zeichen gesetzt. Nicht mit Fußballkunst à la Brasilien, nicht mit technischem Kombinations-Fußball wie später Frankreich, sondern mit Kampfgeist, Willen und Durchsetzungsvermögen.

Und mit einem Matthias Sammer, der nichts mehr hasst, als ungerecht behandelt zu werden. Sein Gerechtigkeitssinn stachelte ihn im Finale von Wembley zu nahezu überirdischer Leistung an. Und wer weiß, wie dieses Endspiel von London ausgegangen wäre, hätte der Schiedsrichter nicht diesen ungerechten Elfmeter gepfiffen ...

Die Lehrzeit mit Lattek

SCHAUPLATZ: TENNISHALLE KÖLN-LÖVENICH
DATUM: 13. APRIL 2000

Der Schweiß tropft. Ausgelassen wie ein junges Reh springt der 65-jährige Fußballrentner Udo Lattek hinter dem gelben Filzball her. Auch heute will er nicht auf seine planmäßige Donnerstag-Tennisrunde verzichten. Aber sein Adrenalinspiegel zeigt deutlich: Heute ist ein besonderer Tag.

Zwei Stunden zuvor hatte 120 Kilometer weiter nord-östlich Dortmunds Sportdirektor Michael Zorc eine Pressekonferenz abgehalten. Er ganz allein mit 74 Journalisten und 8 TV-Kameras. Offiziell darf er die Trennung von Trainer Bernd Krauss verkünden und sagen, dass Präsident Dr. Gerd Niebaum »in Gesprächen mit dem künftigen Cheftrainer ist«. Aber die Verhandlungen sind längst gelaufen. Udo Lattek hat sich nur Bedenkzeit erbeten.

Er will sie zappeln lassen, die Borussen, und will mit seiner Familie reden. Tochter Nadja hatte er einst versprochen: Nie wieder Trainer. Er muss mit dem DSF verhandeln, dem Münchner TV-Sender, bei dem er jetzt als Fernseh-Trainer arbeitet. Und mit seinen Tennispartnern.

Plop, plop – die Bälle fliegen schneller als sonst übers Netz. Udo Lattek ist wieder da. Nach acht Jahren will er wieder an die Bundesligafront.

Am Morgen hat er sich mit der Dortmunder Führung ge-

troffen: mit dem Präsidenten, mit dem Manager und mit Matthias Sammer. »Udo, Du musst es machen«, hat ihn der Präsident angefleht. Und Sammer, der Junior-Coach ohne Trainerdiplom, der gerade bei Christoph Daum in Leverkusen in die Lehre geht, hat ihn bestätigt: »Herr Lattek, wir brauchen Sie.« Geredet haben sie über die Aufgabenverteilung, über das Machbare. Die Fronten waren blitzschnell abgesteckt: Lattek, der Vorturner, Sammer der Arbeiter. Auch die offizielle Sprachregelung war schnell gefunden: Sammer als Berater des Trainerteams, Lattek als Cheftrainer.

Aber Lattek lässt während dieser Chaostage die Borussia schmoren. Plop, plop – er spielt lieber weiter Tennis, lässt sich noch einmal den Schweiß durch die Poren treiben, bis er endlich zum Telefonhörer greift: »Ja, ich mach es.«

Die Situation im Frühjahr 2000 ist dramatisch: Borussia, vor der Saison mit einer Finanzspritze von 42 Millionen Mark aufgepeppt, liegt nur noch auf Platz 13, ein Pünktchen vom Abstiegsplatz 16 entfernt. Es bleiben nur noch fünf Spieltage, um das Unmögliche möglich zu machen, den Klassenerhalt doch noch zu schaffen. Der Absturz des Weltpokalsiegers von 1997 schwebt über der ganzen Stadt. Ein weitsichtiger Hotelmanager aus Dortmund hat bereits alle Zweitliga-Klubs angeschrieben, um rechtzeitig seine Dienste anzubieten. Panik pur, die Angst macht erfinderisch.

Im Oktober hatte die Mannschaft unter Trainer Michael Skibbe noch die Tabelle von oben angeführt. Dann kam das Aus in der Champions League, obwohl die Zwischenrunde schon greifbar nahe schien. Doch die Heimspiele gegen Trondheim und Rotterdam wurden nicht gewonnen, und auch in Porto wurde noch verloren.

Unmittelbar nach dem Rückrundenstart wurde Bernd Krauss verpflichtet. Er durfte sich zwei Monate und sieben Tage lang versuchen. Ihm gelang kein einziger Sieg in elf Bundesligaspielen, zuletzt hagelte es sechs Niederlagen in Folge – Vereinsrekord. Das besiegelte die 248. Trainerentlassung der Bundesligageschichte. »Ich hätte die Sache am besten schon nach vierzehn Tagen beendet. Ich habe alles versucht, hatte aber kein Fortune«, so Krauss, der gegen Galatasaray Istanbul aus dem UEFA Cup flog und zuletzt sogar im heimischen Westfalenstadion 1:3 gegen Unterhaching verlor. Nach 67 Tagen war Schluss – und Borussia nur noch um Millimeter vom Abstieg entfernt.

Da zog Dortmund die Reißleine, brutal und verwegen. Mit Lattek und Sammer.

Am Tag nach dem Tennismatch wurde aus dem Rentner Lattek der Retter Lattek. Der Mann, der 1986 seine Trainerkarriere offiziell für beendet erklärt hatte, war damals der beste Vereinstrainer der Welt. Er hatte den letzten seiner insgesamt vierzehn Titel eingeheimst und mit Bayern München den Titel-Hattrick geschafft. Als Sportdirektor war er zum 1. FC Köln gewechselt und 1992 noch einmal für sechseinhalb Monate Trainer in Schalke gewesen. Ansonsten war er Kolumnist für die *Welt am Sonntag*, Fernseh-Trainer für das »Deutsche Sport-Fernsehen« und Privatier.

Zehn Mikrofone standen vor Udo Lattek auf dem Tisch, sechs Cola- und Wasserflaschen vor Matthias Sammer. Die Welt diagnostizierte daraufhin spitzfindig: »Der Bluff ist Dortmund gelungen. Auf Lattek konzentrierte sich das gesamte Medieninteresse. Sammer saß nahezu unbehelligt neben ihm, er gilt nur als Berater des Trainerstabes. Doch das ist nur die halbe Wahrheit. Eigentlich gilt Lattek nur als Strohmann für Sammer.«

Schon im Winter, als noch Michael Skibbe die Borussia trainierte, hielten die Fans auf der Südtribüne Plakate hoch: »Sammer für Skibbe.« Die Sympathiewerte des ehemaligen Liberos waren nach wie vor hoch, obwohl er schon drei Jahre lang nicht mehr gegen den Ball getreten hatte. Offiziell war sogar sein Vertrag im Sommer 2000 ausgelaufen. Weil die daraufhin entstandene Vereinslosigkeit versicherungstechnisch Probleme bereitete, wurde der Kontrakt pro forma verlängert. Sammer war also nach wie vor bei Borussia angestellt.

»Natürlich ehrt es mich, wenn die Fans so viel Vertrauen haben. Aber wenn es nicht läuft, erinnert man sich immer an Leute, mit denen es bessere Zeiten gab. Dabei kennen sie mich nur als Spieler, nicht als Trainer. Ich habe doch noch nicht einmal die Trainerlizenz«, so Sammer.

Die Distanz zur Mannschaft war gewachsen, nicht aber zum Verein. Nach wie vor ging Sammer seiner Arbeit nach, und die hieß: gesund werden! Also täglich zu »Orthomed«, dem Reha-Zentrum direkt neben Borussias Trainingsgelände. Und da traf er auf andere Rekonvaleszenten: mal Lars Ricken, seinen ehemaligen Zimmergenossen, mal Stefan Reuter, Micki Stevic, Alfred Nijhues. Und das gemeinsame Mittagessen, zwanglos, oft zufällig, gab es natürlich auch noch. So hörte Sammer natürlich, was alles in der Mannschaft nicht lief. Er spürte Neid und Missgunst und hatte auch ein Ohr für die vielen Zwischentöne. All das, was nicht stimmte, sah er dann samstags auf dem Rasen des Westfalenstadions, wo er von der Tribüne aus jedes Spiel mit Argusaugen verfolgte und für sich selbst analysierte.

Er wollte sich nicht einmischen in die tägliche Arbeit. »Das steht mir nicht zu, dafür bin ich zu weit weg.« Aber als die Not immer größer wurde, bot er Präsident Dr. Niebaum seine Mithilfe an. Das war schon, als Bernd Krauss noch das Sagen hatte. Doch Krauss lehnte die angebotene hilfreiche Hand ab.

Seither aber wuchs sein intensiver Meinungsaustausch mit dem Präsidenten. Sammer hatte Dortmunds Boss immer offen die Meinung gesagt und dabei intern auf Fehler und Fehlentwicklungen hingewiesen. Und jetzt, als die Not am größten war, musste Sammer helfen.

Doch er hatte Bedenken. Zum einen, weil er gedanklich mit seiner aktiven Karriere noch immer nicht abgeschlossen hatte: »Manchmal ziehen nachts noch Bilder von großen Spielen an mir vorbei.« Zum anderen, weil er mit den meisten Spielern noch zusammen gespielt hatte. Außerdem erschien ihm der Zeitpunkt für den Einstieg ins Trainergeschäft zu früh. »Ich möchte zunächst lernen, in die Aufgabe hineinwachsen. Als ich mit 23 Jahren das Angebot von Inter Mailand bekam, musste ich zugreifen, weil die Zeit als Spieler begrenzt ist. Für einen Trainer aber gibt es kein zeitliches Limit für den Einstieg.«

Als bei Dr. Niebaum die Idee wuchs, seinen Duz-Freund Udo Lattek, der schon von 1979 bis 1981 bei der Borussia gearbeitet hatte und damals wegen des Todes seines Sohnes nach Barcelona geflüchtet war, als Retter zu verpflichten, war Sammer sofort begeistert. Von diesem »alten Sack« (Lattek über Lattek) konnte er noch viel lernen. An der Seite dieses Mannes, der Erfahrung und Ausstrahlung vereinigt, dessen größte Fähigkeiten Motivation und Medienumgang sind, konnte er seine Stärken einbringen: das detaillierte Wissen um jeden einzelnen Spieler und seine taktische Auffassung von Fußball.

Als das Duo Lattek und Sammer vorgestellt wurde, signalisierte Lattek sofort, dass auch er die Trainer-Zweisamkeit zu schätzen wusste: »Matthias und ich haben entschlossen, dass wir morgen ein ganz schwieriges Spiel haben in Duisburg.«

Die Medienarbeit trat Sammer schon in der ersten Stunde an den Altmeister ab. Sammer: »Das ist nicht das Ende meiner Karriere, das hat damit nichts zu tun, weil wir eine Lösung bis zum Saisonende gefunden haben. Und noch einmal bitte ich darum, nicht mehr groß Fragen zu stellen. Wir müssen jetzt arbeiten.«

Fortan waren die Rollen verteilt: Lattek spielte den Vorturner, Pausenclown, Medienhelden, Sammer stürzte sich in die Arbeit – so eifrig und so begeistert, dass Udo Lattek bereits Tage später bewundernd urteilte: »Wenn alles normal läuft, wird dieser phantastische Fußballer auch ein Riesentrainer. Er geht ja quasi mit der Taktiktafel ins Bett.«

Der Trainer-Guru und sein Schüler: Geradezu bescheiden fragte Sammer an, wo er denn während des Spiels sitzen dürfe. »Neben mir natürlich«, entschied Lattek, den rund 800 Fans auf dem Trainingsplatz mit lauten »Udo-Udo«-Rufen feierten.

Die erste Aufgabe stellte sich dem ungewöhnlichsten Duo der Bundesligageschichte im Duisburger Wedaustadion: ein Abstiegsendspiel. Auch für den MSV bedeutete ein Sieg die letzte Chance zur Rettung.

Bei der Mannschaftssitzung morgens um elf Uhr hielt Udo Lattek seine Motivationsrede, während Sammer über Standardsituationen referierte. Daraus hatte Borussia nämlich zu viele Gegentore kassiert und zu wenig Treffer erzielt. Mann für Mann ging Sammer jede Position durch und teilte die Pärchen ein.

Zum Einstand gab es nur einen Teilerfolg: 2:2 in Duisburg. Wenigstens war die Negativserie von zuletzt sechs Niederlagen nacheinander gestoppt. Aber der nächste Gegner hieß Bayern München, ausgerechnet jene Bayern, die unter Udo Lattek ihre größten Erfolge gefeiert hatten. Dreimal Meister 1972, 1973, 1974, dreimal Meister 1985, 1986, 1987, Europacup-Sieger 1974, Double-Gewinner 1986. Und die Bayern kamen jetzt mit jenem Trainer, dem Borussia die größten Erfolge der Vereinsgeschichte verdankte: Meister 1995, 1996, Gewinn der Champions League 1997 unter Ottmar Hitzfeld. Ein Duell voller knisternder Spannung und noch dazu die Heimpremiere des Trainergespanns Lattek/Sammer.

Die Bayern erwiesen sich als eine Nummer zu groß. Mit 0:1 ging das von SAT.1 live übertragene Spiel der großen Namen für Dortmund verloren. War der Lattek-Effekt schon verpufft, alles vergebens, Borussia verloren?

Schlagartig ebbte das Medieninteresse ab. Aber unverdrossen kämpften der Altmeister und der Trainer-Novize weiter. Es ging nach Stuttgart.

Und hier gelang, was kaum einer für möglich gehalten hatte: Dortmunds erster Sieg im Jahr 2000, drei Spieltage vor Schluss endlich der erste »Dreier«. Dramaturgisch hätte es kaum besser sein können, dramatischer auch nicht. Dreißig Sekunden vor dem Abpfiff hechtete Heiko Herrlich den Ball zum 2:1-Siegtreffer ins Netz. Unglaubliche Jubelszenen spielten sich daraufhin im Gottlieb-Daimler-Stadion ab, Sammer herzte Lattek, die Brasilianer Dede und Evanilson tanzten Samba und sogar Sammer und Möller lagen sich in den Armen. Das Baseball-Cap, das Udo Lattek aus Verbundenheit zu seinem Arbeitgeber »DSF« auch auf der Trainerbank zur Schau stellte (und sich deshalb weiter von dem TV-Sender bezahlen ließ), landete im Entmüdungsbecken. Wie kleine Kinder feierten sie diesen Sieg, einen Meilenstein auf dem Weg zum Klassenerhalt. Ein weiterer Sieg noch, und der Klassenerhalt war geschafft.

Aber gegen Schalke gab es erneut keine drei Punkte. Der große Revierrivale, wie Dortmund 1997 noch auf Europas Gipfel (da gewannen die Blauen den UEFA Cup), wie Dortmund jetzt im Tabellen-Niemandsland verschwunden, gingen durch Ebbe Sand (57.) sogar in Führung. Gegen nur zehn Schalker – Nemec hatte nach 26 Minuten schon Gelb-Rot gesehen – gelang Alfred Nijhues neun Minuten vor Schluss immerhin noch der Ausgleich, ein Punkt, der schon die Rettung bedeutete.

Denn der Spielplan wollte es, dass am letzten Spieltag die Abstiegskonkurrenten Frankfurt und Ulm zum großen Abstiegsfinale direkt aufeinander trafen, was Nijhues als »Gottesgeschenk« bezeichnete. Und zum Dortmunder Glück hatte Frankfurt in dieser Saison 99/2000 gegen Lizenzauflagen verstoßen und deshalb zwei Punkte abgezogen bekommen.

Latteks Hemd war nach diesem Schalke-Spiel völlig durchnässt. »Nicht vor Hitze, das ist Angstschweiß«, sagte er und demonstrierte, wie dünn sein Nervenkostüm war: »Ich habe gespürt, wie tief die Angst der Spieler vor den eigenen Fans sitzt. Eine wirkliche neue Lockerheit zu erzeugen, kann noch Monate dauern.« Dieser Satz machte deutlich, wie viel Arbeit auf seinen Nachfolger zukommen würde.

Offiziell hielt sich Lattek noch immer bedeckt, ob er das Amt in Zusammenarbeit mit Sammer ein Jahr fortsetzen würde. Sammer selbst versuchte, seinen Mentor zum Bleiben zu überreden. »Wir passen ideal zusammen.« Auch wenn ihm längst nicht immer gefiel, was und wie Udo Lattek mit den Medien spielte, hatte er doch erreicht, was er wollte: Er konnte in Ruhe im Hintergrund mit der Mannschaft arbeiten.

Weil Sammer dem BvB eine Absage erteilte, den Job im nächsten Jahr allein zu übernehmen, lag die Hauptaufgabe für Lattek längst darin, einen neuen sportlichen Leiter zu finden. Beim gemeinsamen Abendessen mit Dr. Niebaum und Manager Meier wurde ein Anforderungsprofil entworfen: Der neue starke Mann muss Ausstrahlung haben, zwischen 40 und 50 Jahre alt sein, Erfahrung und Erfolge vorweisen können, perfekt deutsch sprechen und ein aktiver Spieler gewesen sein.

Eine hohe, eine zu hohe Messlatte.

Seit dem Abgang von Ottmar Hitzfeld hatte man einen geeigneten Nachfolger gesucht. Erst war mit Nevio Scala ein international renommierter Trainer verpflichtet worden. Dann versuchte man es mit dem Eigengewächs Michael Skibbe, der beim Publikum alle Gunst verspielte. Auch das Dortmunder Urgestein Bernd Krauss konnte das Blatt nicht wenden. Drei ganz unterschiedliche Typen, aber keiner, der die Borussia in den Griff bekam.

Jetzt also durfte Lattek suchen. Sein erster Satz: »Wenn Matthias ›Ja‹ sagt, ist das Thema direkt vom Tisch. Aber man darf ihn auch nicht zu sehr drängen. Wenn er in der ersten Saison mit dem BvB auf die Schnauze fällt, wird die Zukunft für ihn brutal schwer.« Damit wurde zwar deutlich, wie Borussias Prioritäten verteilt waren, aber auch, in welcher Situation sich Sammer befand.

Also wurde eine Liste der Kandidaten auf Dortmunds Boulevard ausgebreitet: Frank Pagelsdorf, Christoph Daum, Otto Rehhagel, Jupp Heynckes, Christian Gross (FC Basel), Johan Cruyff, Arsene Wenger, Giovanni Trapattoni, Berti Vogts.

Dortmund wollte Daum. Vor allem Sammer wollte Daum. Er hatte nie einen Hehl daraus gemacht, dass er Daum für den besten Trainer hält. »Er ist einzigartig. Überall wo er hingekommen ist, ging es stetig bergauf. 1. FC Köln, Stuttgart, Istanbul, Leverkusen. Ich finde den Mann faszinierend, weil er jeweils den ganzen Verein, bei dem er arbeitet, so richtig aufmischt. Dass einer wie Rudi Völler nach seiner aktiven Karriere bei Leverkusen, einem früher als Plastik-Klub verschrieenen Verein, als Sportdirektor bleibt, wäre ohne Daum nie möglich gewesen«, so Sammer in einer seiner Lobesreden über den Zampano vom Rhein.

Mit Daum hatte Sammer seine erste Bundesliga-Meisterschaft geholt. Gemeinsam waren sie beim VfB Stuttgart erfolgreich gewesen. Bei Daum lernte er, dass akribische Arbeit den Unterschied ausmacht, dass oft Kleinigkeiten entscheiden, über Sieg oder Niederlage. Deshalb hatte er sich auch Christoph Daum ausgesucht, als er seinen Praktikumsplatz wählte.

Seit Januar war Matthias Sammer an der Sporthochschule in Köln, um sein Trainerdiplom zu erwerben. Berti Vogts hatte beim Deutschen Fußball-Bund und beim Verband Deutscher Fußballlehrer diesen Schnellkurs für verdiente Nationalspieler durchgesetzt. Die Europameister Kuntz und Sammer waren genauso erschienen wie die Weltmeister Jürgen Klinsmann, Stefan Reuter und Jürgen Kohler oder verdiente Alt-Internationale wie Manfred Kaltz und Bernd Hölzenbein.

In der Winterpause musste vier Wochen lang die Schulbank gedrückt werden. Dann folgte ein Praktikum bei einem Bundesligaverein. Und im Mai, nach Saisonschluss, stand ein weiterer Kurs auf dem Programm inklusive der Abschlussprüfung. Gerade als Dr. Niebaum ihm den Vorschlag mit Lattek unterbreitete, saß Sammer an seiner »Diplomarbeit«. Thema: Identifikation mit dem Verein – ein Relikt von gestern?

Sehr intensiv musste er sich deshalb mit sich selbst und seiner Verbundenheit zu Dortmund beschäftigen. Was also lag näher, als dieses Referatthema in der Praxis vorzulegen und selbst mitzuhelfen, den verfahrenen Karren aus dem Dreck zu ziehen?

Sammer kämpfte gleich an der schlimmsten Trainer-Front, im Abstiegskampf. Natürlich brach er sein Praktikum in Leverkusen sofort ab. Natürlich konnte er noch gar nicht den Chefsessel übernehmen, weil ihm die Lizenz fehlte. Und natürlich musste er auch bei allen praktischen Übungen passen, weil sein Knie noch immer nicht der Belastung auf dem Trainingsplatz stand halten konnte. Diese Arbeit übernahm Uwe Neuhaus, der frühere Profi aus Wattenscheid, den schon

Michael Skibbe als seinen Assistenten nach Dortmund geholt hatte.

Daum also sollte es werden. Einziges Handicap: Sein Vertrag in Leverkusen lief noch ein Jahr länger – bis 2001. Doch, so war aus dem Leverkusener Umfeld, das Dortmunds Manager Michael Meier aus vergangenen gemeinsamen Tagen noch bestens kennt, zu hören: Sollte Leverkusen den Titel holen, wollte Daum gehen und würde dafür auch die Freigabe erhalten. Daum selbst ließ sich so vernehmen: »Ich kann eine gewisse Affinität zum BvB nicht leugnen. Die Borussia war zu meiner Jugendzeit mein Lieblingsverein.«

Mitten hinein in diese Planung fiel der letzte Spieltag, das Abschiedsspiel des Trainer-Duos Lattek/Sammer. Dortmund musste in Berlin antreten. Das Ergebnis stimmte noch einmal versöhnlich: Borussia siegte mit 3:0, absteigen mussten neben Duisburg und Bielefeld auch der SSV Ulm, der in Frankfurt 1:2 verlor. Anschließend erklärte Lattek auch öffentlich seinen Abschied: »Diese fünf Wochen waren ein Abenteuer wie der berühmte Ritt auf der Kanonenkugel. Ein Crashkurs in Sachen Selbsterfahrung. Manchmal habe ich mir gesagt: ›Du alter Sack kannst es ja noch.‹ Andererseits habe ich auch grausam gelitten. Ich habe einen Druck erlebt, wie ich ihn meinem schlimmsten Feind nicht wünsche. Nein, ich möchte nicht eines Tages tot von der Bank fallen.«

Die Mission aber war erfüllt, Borussia gerettet.

Mit 1,5 Millionen Mark ließ sich Udo Lattek dieses Fünf-Wochen-Gastspiel bezahlen. Eine lächerliche Summe im Vergleich zu dem, was auf die Borussia beim Abstieg zugekommen wäre: Weniger TV-Gelder, keine

42 000 verkauften Dauerkarten mehr, weniger Werbeeinnahmen – ein Verlust in zweistelliger Millionenhöhe. Und das vielleicht auch über Jahre hinaus.

Das ganze Modell wäre zusammengebrochen. Spieler wären abgehauen, die mühsam aus ganz Europa verpflichtet worden waren. Borussia wäre nur noch ein Scherbenhaufen gewesen, den Lattek und Sammer mühsam zusammenkitten konnten.

Als Udo Lattek, der seinem Präsidenten eine weitere beratende Tätigkeit zusicherte, den Staffelstab an den Verein zurückgab, fällte er auch ein Fünf-Wochen-Urteil über die Zusammenarbeit mit Matthias Sammer: »Er ist ein akribischer Arbeiter mit riesigem Fußballverstand. Aber natürlich zeigt er noch Unsicherheiten. Manchmal ist es fast wie Berührungsangst. Wenn ich ihn aufgefordert habe, direkt mit der Mannschaft oder einzelnen Spielern zu sprechen, wollte er das lieber mir überlassen. Trotzdem bin ich überzeugt, dass er ein großer Trainer wird. Ich habe selten einen Spieler erlebt mit so viel Fußballsachverstand. Den kannst du nachts wecken und mit ihm über Fußball diskutieren. Da ist er ein Verrückter.«

Ja, gemeinsam hatten sie die »mission impossible« erfüllt. Lattek/Sammer, die Trainer-Combo als Notgemeinschaft, hat ihren Platz in den Dortmunder Fußballgeschichtsbüchern gefunden. Der Präsident sprach aus, was eine ganze Region fühlte. Dr. Niebaum: »Wir müssten Udo ein Nicht-Abstiegs-Denkmal bauen. Im freien Fall hat er die Reißleine gefunden, und wir sind noch weich gelandet.«

Auf Platz 11, zwei Plätze vor dem großen Rivalen Schalke 04.

Die Entführung

SCHAUPLATZ: SAAL 201, AMTSGERICHT HAGEN
DATUM: 11. SEPTEMBER 2000

Der Vorsitzende Richter Horst-Werner Herkenberg lässt bitten. Karin Sammer ist als Zeugin geladen an diesem Montag im Saal 201 des Landgerichts in Hagen. Hier tagt die 4. Strafkammer mit drei Richtern und zwei Schöffen. Es geht um versuchte Entführung, versuchte räuberische Erpressung und sogar um Anstiftung zum Mord. Noch ehe die Frau des Weltklasse-Liberos, der inzwischen schon auf der Dortmunder Trainerbank Platz genommen hat, so richtig loslegen kann, rückt der Richter einige Stühle gerade. Genauer: Er ändert die Sitzordnung der beiden Verteidiger. »Sonst hätten die beiden Knackis nebeneinander gesessen, das soll doch wohl nicht sein.« Die Angeklagten rücken also nach rechts und links außen, die Anwälte genau dazwischen, »in die Innenverteidigung sozusagen«, wie der fußball-sachverständige Richter witzelt.

Das Gericht, ein verwinkelter Bau unter Denkmalschutz, ist vier Stockwerke hoch, gelb verputzt. Natürlich ist der Saal 201 der größte aller Verhandlungsräume. Denn auch der Medienansturm ist der größte, den dieses Gericht seit Jahren erlebt hat. Zwanzig, dreißig Journalisten sind anwesend, dazu acht TV-Stationen, die mit ihren Kameras vor Sitzungsbeginn noch auf die Angeklagten schwenken. Diese versuchen ihre Gesichter hinter Zeitungen zu verstecken. Karin Sammer trägt Schwarz: eine schwarze Lederjacke mit weißem Shirt, schwarze Hose, schwarze Pumps. Erstmals steht sie den Männern gegenüber, die sie und ihre Tochter entführen wollten. Sie sieht in ihre Gesichter, die sich verschämt zur Seite drehen. Männer, die ihr Leben verändert haben. Eigentlich ist nichts passiert, und doch ist alles anders. Nachts schreckt sie hoch, weil ihre Intimsphäre, ihre eigenen vier Wände, nicht mehr sicher sind. Der Schutzwall ist weg, ein Riss in der Hülle. Das naive Gefühl, dass man irgendwo geborgen ist, gibt es nicht mehr. Diese Männer haben die Grenzen durchstoßen. Sie haben Haus und Hof ausspioniert, sich auf der Wiese vor dem Haus hinter Hecken gelegt und haben hinter der Doppelhaushälfte gelauert. Sie haben einen genauen Zeitplan erstellt, wann sie zu Hause ist, wann sie mit Tochter Sarah einkaufen geht oder zum Pferdestall fährt, und sie haben so gesehen, dass ihr Matthias nicht da ist, und nachgelesen, dass er sich in Regensburg aufhält. Sie haben mitbekommen, als er wieder jeden Tag morgens um kurz nach neun aus dem Haus ging, um Klein-Marvin in den Kindergarten zu bringen und anschließend zum Aufbautraining zu gehen.

Jetzt steht sie also in diesem Gerichtssaal vorne vor dem Richtertisch und sagt: »Ich hatte immer schon Angst um meine Kinder.« Seit in Italien mal Einbrecher in ihre Wohnung eindrangen, hat sie ihre eigenen vier Wände durch eine Alarmanlage schützen lassen. Auch das Mietshaus, in dem zuvor die Eiskunstläuferin Marina Kielmann wohnte und das ihr Zuhause ist, seit sie aus Italien zurück nach Deutschland kamen, ist durch eine Alarmanlage gesichert. Den Nachweis, dass sie im Ernstfall auch funktioniert, hat die Anlage bereits gebracht: Als Täter in der Zeitung nachlesen konnten, dass sich die Sammers nicht in Dortmund aufhielten, versuchten sie, durch ein Fenster einzudringen. Doch die Alarmanlage hat sofort angeschlagen. Minuten später war ein Sicherheitsdienst zur Stelle, der allerdings nur noch die zerbrochene Scheibe, aber keine Täter vorfand.

»Das ist schon ein Riesenschock«, so die Zeugin Karin Sammer jetzt vor Gericht, »wenn man erfährt, dass man überfallen werden sollte. Man hat einfach Angst. Und diese Angst geht nicht mehr weg.«

Acht Tage später verkündete der Richter das Urteil. Und zwei Ganoven mussten dabei erfahren, dass auch düstere Pläne hart bestraft werden können. Damit ging einer der spektakulärsten Kriminalfälle der Fußballbundesliga zu Ende. Einer, der alle Spitzen-Spieler betraf, die heute Millionengehälter verdienen. Allen Sportstars wurde so drastisch vor Augen geführt, dass sie zum Anziehungspunkt für kriminelle Energien geworden sind.

Der Entführungsfall Sammer – selbst in der Zeit, als Matthias in Reha-Zentren um sein Comeback kämpfte, sorgte er unfreiwillig für Schlagzeilen. Die Enthüllungen, die nach und nach öffentlich wurden, lesen sich wie ein Stück aus einem billigen Groschenroman. Und doch sind sie so passiert.

Vereitelt wurde die Tat von einem glühenden Borussen-Fan. Denn als Günther G. (46), ein arbeitsloser Steuerfachgehilfe aus Hemer bei Arnsberg, als dritter Mann angeworben werden sollte, überkamen den zweifachen Vater, der unter schwerer Alkoholabhängigkeit leidet, große Zweifel. »Als ich erfuhr, dass es um den Sammer ging, ist bei mir die rote Ampel angegangen«, diktierte er in das Polizei-Protokoll. Vier Tage und Nächte kämpfte er mit sich selbst, dann ging er zur Polizei und erstattete Anzeige.

Das war am 9. November 1999. Zwei Tage später klickten die Handschellen. Dass die Entführung scheiterte, lag also an einem BvB-Fan.

Dieser dritte Mann erzählte im Detail von dem teuflischen Plan:

Sechs Monate lang hatten Horst und Jürgen die Doppelhaushälfte der Sammers in Herdecke bei Hagen ausspioniert. Sie hatten sich in die kleine Spielstrasse geschlichen und mit Blick auf Eingang und Garage im Wald versteckt, Ferngläser benutzt und so einen detaillierten Lageplan erstellt. Auch hinter dem Haus hatten sie gelauert, auch hier eine genaue Zeichnung angefertigt. Nichts sollte dem Zufall überlassen bleiben.

Im zweiten Schritt wurde ein genauer Zeitplan erstellt: Wer kommt wann, wer geht wann. So fanden die Gangster heraus, dass Hausherr und Fußballprofi Matthias öfter mit seinem Sohn Marvin zum Kindergarten fuhr, um anschließend weiter zu Borussia zu fahren, wo er im Reha-Zentrum Orthomed der schweißtreibenden Aufbauarbeit nachging. Auf der anderen Seite war es Ehefrau Karin, die mit Tochter Sarah zur Schule oder nachmittags in den Pferdestall fuhr. Alle Zeiten wurden fein säuberlich registriert, bis der teuflische Plan feststand: Karin und Sarah Sammer sollten entführt werden, um vom Hausherrn 1,8 Millionen Mark Lösegeld zu erpressen. Wie sich diese ungerade Zahl zusammen setzte, warum genau 1,8 Millionen, blieb auch im Prozess ungeklärt.

Sogar die Wohnung, in der Karin und Sarah Sammer

versteckt werden sollten, hatte Jürgen schon seit drei Monaten auf seinen Namen angemietet. Sie liegt in Iserlohn im Erdgeschoss eines unauffälligen Mietshauses, verfügt über einen uneinsehbaren Seiteneingang, und stand seit Unterschrift unter den Mietvertrag leer.

Zur Durchführung dieser verwegenen Tat fehlte nur noch ein dritter Mann. Jürgen wurde damit beauftragt. Er wählte den arbeitslosen Steuerfachgehilfen Günther G. aus Hemer. Der erzählte: »Ich kannte Jürgen aus einer Kneipe. Eines Tages sagte er zu mir, er wüsste, wie man zu viel Geld kommt. Ein Bekannter bekomme noch Geld von einem Fußballprofi von Borussia Dortmund. Wenn ich ihm helfen würde, die Schulden einzutreiben, wären 50 000 bis 100 000 Mark für mich drin.«

Also fuhr Günther G. schon am nächsten Tag mit zur Observation. Günther G.: »Wir schlichen uns über eine Wiese an, beobachteten das Haus. Plötzlich stand Matthias Sammer vor der Tür. Ich dachte nur: Booh, das ist doch der Sammer. Verdammter Mist! Ich erkannte erst jetzt, was die vorhatten. Dann sagte mir Jürgen, dass wir Sammers Frau und seine Tochter entführen wollten. Er hätte schon Pistolen besorgt. Ich dachte nur an Sammers Kinder. Schließlich bin ich auch zweifacher Vater.«

Vier Tage später ging er zur Polizei, »weil ich große Angst hatte. Schließlich sind die Typen ja gefährlich.«

Dann ging alles blitzschnell: Die Polizei informierte die Staatsanwaltschaft, der zuständige Staatsanwalt Reinhard Rolfes veranlasste die Sicherheit der Sammers. »Wir haben Familie Sammer an einen sicheren Ort gebracht.« Die Fahnder hatten Hochbetrieb. Verdeckt ermittelten sie, beobachteten die beiden vermeintlichen Täter. Dann entschied der Führungsstab der Polizei auf Zugriff. Jürgen M. wurde in seinem Heimatort Hemer verhaftet, Horst P. in seiner Wohnung in Lippstadt.

Die Begründung zum ausgestellten Haftbefehl für Jürgen M. liest sich so: »Der Beschuldigte ist dringend verdächtig, mit dem gesondert verfolgten H. P. einen erpresserischen Menschenraub zum Nachteil der Eheleute Sammer verabredet zu haben. In Vorbereitung des Tatplans, der vorsah, dass unter Einsatz von Schusswaffen die Ehefrau und die Tochter des Fußballprofis Matthias Sammer als Geiseln genommen und dieser zur Herausgabe eines Betrages von 1,8 Millionen Mark genötigt werden sollte, fuhr der Beschuldigte mehrfach in den letzten Monaten zu dem Sammerschen Grundstück in Herdecke. Zu einer Tatbegehung kam es nicht.«

Obwohl nichts passiert ist, war es für die Sammers wie ein Schock. Sie wohnten nicht in einer auffälligen, pompösen Villa. Ganz ungezwungen konnten hier die Kinder noch auf der Straße spielen oder sich auf den gegenüber liegenden Wiesen tollen, wenn da nicht gerade Kühe weideten. Im Gegensatz zu manchen Großstädten funktionierte hier noch der Zusammenhalt in der Nachbarschaft. Und nun war diese ungezwungene Idylle zerstört.

Was Matthias Sammer noch viel mehr störte, war die plötzlich entstandene Diskussion. Wer hatte da gequatscht? Wer wollte sich mit dieser vereitelten Entführung brüsten? Schlimm genug, dass es Menschen gab, die seiner Frau und seiner Tochter gefährlich wurden. Schlimmer aber, dass plötzlich ganz Deutschland über den Entführungsfall sprach, den es gar nicht gegeben hatte.

Zwei Jahre lang konnte er jetzt schon nicht mehr Fußball spielen. Zwei Jahre lag sein letztes Spiel zurück. Zwei Jahre lang hatte er sich in Donaustauf, Bad Wiessee, Regensburg und Dortmund gequält, um wieder gehen zu lernen. Und noch immer hatte er die Hoffnung nicht begraben, seine Karriere fortsetzen zu können.

Das Angebot des Fernsehsenders tm3 kam da gerade recht. Der Münchner Sender war vom australischen Medien-Mogul Rupert Murdock aufgekauft worden und hatte sich durch einen sensationellen Coup die Rechte an der Champions League gesichert. Die Mannschaft um Michael Pfad (vormals Sportchef bei »Premiere«) hatte sich hohe Ziele gesetzt: Erstmals wurde die reformierte Liga mit 32 Mannschaften gespielt, alle Spiele live übertragen und erstmals nicht nur am Mittwoch, sondern zusätzlich am Dienstag gespielt und gesendet. Weil tm3 bis dahin nur als Frauensender galt, wurden zusätzliche Formate geschaffen: Der »Champions-Club« zum Beispiel mit Vorberichten am Montag und Nachberichten am Donnerstag. Da durften natürlich auch Experten nicht fehlen. Verpflichtet wurden für Europas Liga vier Europameister:

Karl-Heinz Rummenigge, der Vizepräsident des FC Bayern, der auch in Italien und der Schweiz gespielt hatte und deshalb neben Deutsch und Englisch auch Italienisch und Französisch spricht, hatte 1980 den Titel gewonnen. Hansi Müller, fernseherfahren durch seine Reportertätigkeit bei SAT.1, hatte ebenfalls in der Siegerelf von 1980 gestanden. Stefan Kuntz, der gerade seine Karriere beendet hatte, hatte 1996 in England die europäische Krone geholt. Und als Star Matthias Sammer, der Libero, der seine Karriere ebenfalls in England gekrönt hatte.

Es bedurfte viel Überzeugungsarbeit, Sammer für diesen neuen Job zu gewinnen. »Das kann ich nicht«, sagte er immer wieder, »da bin ich falsch, die Leute wollen mich doch gar nicht sehen.«

Ganz im Gegenteil. Denn schon nach den ersten Sendungen bekam Sammer glänzende Kritiken. »Endlich spricht mal einer Klartext. Mit Sammer hat tm3 einen Glücksgriff gelandet«, schrieb zum Beispiel Norbert Heuwind aus Düsseldorf. Und Andre Letschert aus Limburg fand: »Schön, dass Ihr mit Sammer so viel Fachkompetenz im Studio habt.«

Für Sammer war es Neuland. Er lernte den Fußball von der anderen Seite kennen. Nicht nur vor, sondern vor allem hinter der Kamera. Und dabei fielen ihm Sachen auf, über die sich ein TV-Kenner längst keine Gedanken mehr macht: »Ist das immer so heiß hier im Studio?« Oder: »Was ist das denn für eine Taste hier.« Es war die Räuspertaste, immer dann zu drücken, wenn ein Husten oder Schlucken nicht über den Sender gehen soll. Und schon nach der ersten Sendung gab er zu: »Ich hätte nie gedacht, dass hinter einer Fußballübertragung so viel Arbeit und Aufwand steckt.«

Und wieder tat Sammer das, was ihn auch auf dem Spielfeld ausgezeichnet hatte: Er kniete sich in die neue Aufgabe hinein. Vor einer Sendung ließ er sich Berge von Informationsmaterial zufaxen. Studierte jeden Namen, jede Aufstellung, jedes Zitat eines Trainers. Schon Stunden vor Sendebeginn fand er sich am Produktionsort ein, diskutierte mit dem Moderator den genauen

Ablauf. Am meisten Probleme bereitete ihm sein Fairness- und Gerechtigkeitssinn. »Ich kann doch nicht selber dafür plädieren, dass Probleme intern angesprochen werden, und dann vor laufenden Kameras einen Trainer auffordern, jetzt öffentlich über die Gründe zu reden, warum es nicht gelaufen ist.«

Welches Gewicht seine TV-Analyse in seiner Branche hatte, zeigt folgendes Beispiel: Als Bayern im Viertelfinale glücklich 1:1 in Porto spielte, verpasste Trainer Ottmar Hitzfeld sogar die Abfahrt des Mannschaftsbusses, weil er im Stadion über einen kleinen Monitor fasziniert dem Kommentar seines ehemaligen Spielers Matthias Sammer lauschte. Der saß zur gleichen Zeit weit entfernt in Hamburg im Studio.

Wie auch jetzt, an diesem 25. November 1999. Mit Moderator Rene Hiepen sollte er den Auftritt der Bayern in Trondheim kommentieren und das Nebelspiel zwischen Hertha und Barcelona. Hiepen konfrontierte ihn natürlich auch mit seinem Entführungsfall. Sammer: »Ich finde nicht okay, dass das an die Öffentlichkeit gelangt ist. Dadurch ist nun natürlich ein enormer Druck auf mich und meine Familie entstanden. Auf die Einzelheiten möchte ich gar nicht eingehen. Entscheidend ist, dass nichts passiert ist. Die Polizei hat sich gut verhalten und uns informiert. Über einige Herren der Staatsanwaltschaft muss ich mich dagegen wundern. Die meinen, Aussagen machen zu müssen, noch dazu detaillierte Aussagen. Das finde ich nicht gut. Wir versuchen, den Alltag weiterlaufen zu lassen. Das ist uns gut gelungen. Allerdings haben wir ein paar Maßnahmen getroffen, um so etwas in Zukunft zu verhindern.«

Ja, Sammer hatte einen Sicherheitsdienst damit beauftragt, seine Kinder zu schützen. Bodyguards für Sarah und Marvin.

Die ganzen Details der geplanten Entführung konnte er auch nur den Zeitungen entnehmen. Wenn er oder seine Frau bei Polizei oder Staatsanwaltschaft nachfragten, wurden sie stets vertröstet. Wie gefährlich die Täter wirklich waren, wurde erst im Prozess deutlich. Hier wurden die Täter elf Tage lang vorgeführt, verhört und beleuchtet. Aus den Tätern wurden menschliche Schicksale.

Horst P. (56), ein aus Thüringen stammender Fleischermeister, der jetzt in Lippstadt lebte, hatte schon 1976 und 1992 versucht, mit angedrohten Entführungen Millionenbeträge zu erpressen. Er war gerade erst 1998 aus dem Gefängnis entlassen worden. »Von der ersten Tat bis heute kann man eine Linie ziehen«, resümierte ein psychiatrischer Gutachter während der Gerichtsverhandlung, bei der der Fleischer »beim Augenlicht meines Sohnes« beteuerte: »Von meiner Seite war keine Straftat geplant.«

In Untersuchungshaft soll er versucht haben, seinen geständigen Mittäter Jürgen M. durch einen Auftragsmörder für 50 000 Mark töten zu lassen. M. sollte unter eine Schrottpresse gestoßen werden. Ein aus dem Rotlichtmilieu stammender Zellengenosse hatte jedoch sofort die Gefängnisleitung informiert. So wurde P. nicht nur wegen versuchter Anstiftung zum erpresserischen Menschenraub, sondern ebenso wegen versuchter Anstiftung zum Mord angeklagt. Staatsanwalt Bernd Maas forderte acht Jahre Haft. Horst P. wurde zu fünf Jahren und drei Monaten verurteilt.

Jürgen M. (41), gelernter Maurer, stammt aus Polen

und sprach im Prozess auch nur holpriges Deutsch. Sein Motiv, sich an dem Fußballprofi zu bereichern, waren vermutlich Spielschulden. Seine ehemalige Lebensgefährtin Margitta S. (38) sagte in *Bild*: »Er war spielsüchtig und arbeitslos, hatte nie Geld, hat nie Unterhalt für unseren Sohn gezahlt.« Auch Jürgen M. war für die Polizei kein unbeschriebenes Blatt, bisher aber nur durch Kleinkriminalität aufgefallen. Gegen ihn erging am 12. November 1999 Haftbefehl. Er versuchte noch, durch ein detailliertes Geständnis eine Bewährungsstrafe zu erreichen. Aber auch hier griff Richter Horst-Werner Herkenberg rigoros durch. Als er am 19. September 2000 das Urteil verkündete, musste Jürgen M. für zwei Jahre hinter Gitter, ohne Bewährung.

Der Trainer

SCHAUPLATZ: ALTE REITHALLE IN MÜNCHEN
DATUM: 26. MAI 2000

Die Hauptperson an diesem Abend heißt Lothar Matthäus. Er hat zu seinem Abschiedsspiel ins Münchner Olympiastadion geladen. 47 000 Zuschauer waren gekommen, 15 Länder waren live via TV dabei, als Deutschlands Rekordnationalspieler zu seiner letzten Gala rief. Sogar Diego Armando Maradona, inzwischen 39 Jahre alt, zauberte noch einmal seinen kugeligen Bauch über den Rasen. 1:1 trennte sich der durch Maradona und Klinsmann verstärkte FC Bayern München von der Nationalmannschaft, der Matthäus noch immer angehört und die sich gerade auf die Europameisterschaft in Belgien und Holland vorbereitet.

Jetzt sitzen sie alle beim anschließenden Bankett in der Alten Reithalle unweit des Olympiastadions. Matthäus hat alle Wegbegleiter seiner langen, einmaligen Karriere geladen. Seine beiden Ex-Frauen Silvia und Lolita und Maren Müller-Wohlfahrt, seine derzeitige Lebensgefährtin. Seine drei Kinder Alisa, Viola und Loris. All seine Trainer, von Jupp Heynckes über Udo Lattek, Giovanni Trapattoni, Otto Rehhagel bis zu Ottmar Hitzfeld. Alle Kritiker wie Paul Breitner oder Thomas Helmer. Die aktuellen Nationalspieler wie Oliver Bierhoff, Marco Bode oder Jens Lehmann. Alte Weggefährten wie Andreas Brehme, Thomas Berthold oder Rudi

Völler. Und auch Matthias Sammer, mit dem er bei der WM 1994 das Zimmer geteilt hatte.

Der Rahmen ist würdig. Festlich gedeckte Tafeln mit weißen Tischtüchern, wieselflinke Kellner, die für Wein- und Champagner-Nachschub sorgen, mit allen kulinarischen Köstlichkeiten bestückte Büffets an jeder Ecke der voll besetzten Alten Reithalle, die von Feinkost Käfer betrieben wird. Auch die Sitzordnung hat Matthäus akribisch ausgearbeitet. Natürlich im Zentrum, unmittelbar vor der Bühne, auf der sein Töchterchen Alisa eine herzergreifende Rede hält, Bayern-Präsident Franz Beckenbauer ebenso eine Laudatio singt wie DFB-Präsident Egidius Braun, sitzt der Jubilar. Gleich daneben die Tafel, an der all seine Trainer platziert sind. Die Nationalspieler sitzen an einem Tisch, die Bayern-Spieler auch, Maradona benötigt fast eine eigene Tafel für seinen ganzen Clan. Und irgendwo gleich daneben sitzen auch seine alten Weggefährten wie Rudi Völler oder Stefan Reuter, alle in elegante dunkelblaue Einreiher gezwängt und von der Schönheit der jeweiligen Gattin umgeben.

Die Uhr zeigt schon nach zwei Uhr morgens, als alle Reden gehalten und alle Zwänge aufgehoben sind. Jetzt mischen sich Spieler unter Trainer und Freunde unter Spieler. Und auch Ottmar Hitzfeld verlässt den Trainertisch, um sich zu seinem ehemaligen Musterschüler zu begeben, zum Tisch von Matthias Sammer. Artig erhebt sich der Spieler vor dem Trainer, der inzwischen – ebenso erfolgreich wie zuvor die Dortmunder Borussia – den großen FC Bayern übernommen hat. Eindringlich redet Hitzfeld auf Sammer ein. Und das Gespräch dreht sich nur um die eine Frage: Soll er oder soll er nicht?

Borussia Dortmund will also den Sportinvaliden Matthias Sammer zum Trainer machen, der hier offen und ehrlich über seine Bedenken mit seinem ehemaligen Lehrmeister spricht. »Mir wäre lieber«, so Sammer, »ich könnte weiter in der zweiten Reihe arbeiten, weiter lernen.« Hitzfeld: »Der Zeitpunkt ist doch nie richtig. Wenn Du bereit bist, gibt es vielleicht kein Angebot. Jetzt hast Du die Chance, also nutze sie.« Sammer: »Okay, ich habe jetzt die Chance. Aber ich habe Zeit. Was ist, wenn ich jetzt bei meiner ersten Station scheitere? Dann ist meine Trainerkarriere vorbei, bevor sie überhaupt begonnen hat.« Und Hitzfeld beginnt zu erzählen – von seiner ersten Station im beschaulichen Aarau in der Schweiz, von seinem Abschied als Spieler; er war Stürmer, spielte sogar bei Olympia 1972 neben Uli Hoeneß in der deutschen Amateurnationalelf – und von seinem Einstieg als Trainer. Und verabschiedete sich nach zwanzig Minuten mit den Worten: »Matthias, mach es, nimm Dein Herz in beide Hände, übernimm die Verantwortung, Du schaffst es.«

Drei Tage später, es ist Montag, der 29. Mai 2000, wird Matthias Sammer als neuer Trainer von Borussia Dortmund vorgestellt. Ausgestattet mit einem Zwei-Jahres-Vertrag bis 2002. Als er um 15.07 Uhr aus seinem schwarzen Mercedes der S-Klasse mit blauem Pulli, schwarzer Hose und neuem Kurzhaarschnitt steigt, erwarten ihn fünfzehn Kamerateams und über hundert Journalisten zur Pressekonferenz unter der Nordtribüne des Westfalenstadions. Hier sind alle Pokale ausgestellt. Und an der Wand hinter dem Podium, auf dem Sammer und Dr. Niebaum Platz nehmen, hängt das Mannschaftsfoto von 1997, von den Gewinnern der Champions League – mit Sammer als Spieler. »Ein dezenter Hinweis auf die erhoffte Zukunft«, schrieb die *Welt am Sonntag*.

Sammer ehrlich: »Ich habe sehr lange und sehr intensiv überlegt. Ich war ursprünglich für eine Lösung mit Udo Lattek.« Was er nicht sagte: Ottmar Hitzfeld, der Trainer, mit dem er auf dem Spielfeld zwei Meisterschaften und den Gewinn der Champions League gemeinsam gefeiert hatte, war es, der ihn zum Sprung ins kalte Wasser ermutigte.

Das wusste auch Dr. Gerd Niebaum nicht, der umtriebige Dortmund-Präsident, der die Borussia 1986 vor dem Konkurs gerettet und bis auf Europas Thron geführt hatte, als er sagte: »Es war eine verdammt schwere Arbeit, ihn zu überreden.«

Wie nun würde Sammer die neue Aufgabe anpacken?

»Ich setze mir keine Saisonziele.« Keine Rede von UEFA Cup oder Champions League. Trotz eines Kaders gespickt mit Nationalspielern wie Lehmann, Ricken, Heinrich, Wörns, Bobic, Herrlich, Evanilson oder Oliseh. Mit Persönlichkeiten wie Kohler oder Reuter. Mit Talenten wie Metzelder, Reina oder Addo. Zu tief saß noch die Enttäuschung aus dem Vorjahr, als genau diese mit Stars gespickte Truppe plötzlich Nerven zeigte und in den Abstiegssumpf schlingerte.

»Ich will eine geschlossene Mannschaft präsentieren, die charakterlich stark ist und auch bei negativen Ergebnissen nicht auseinander bricht. Ich werde für eine bessere Zukunft kämpfen. Wir müssen weg von dem Image, dass der Verein mit Geld nur so um sich schmeißt.« Große Vorsätze. Und das bei den Neuzu-

Sammer, der Messias: Bereits in seinem ersten Trainerjahr führte er Dortmund aus dem Tabellenkeller zurück an die Spitze.

Sammer und Vogts:
Erst Feinde, dann Freunde

Sammer mit
Lieblingstrainer Christoph
Daum in Stuttgart

Sein erster Trainer im
Männer-Fußball:
Matthias mit Vater Klaus

Sammer und seine Trainer

Vier Jahre lang arbeiteten sie zusammen und holten drei Titel: Ottmar Hitzfeld mit Lieblingsschüler Matthias Sammer

Der Einstieg ins Trainergeschäft mit Altmeister Udo Lattek: Gemeinsam geben sie Kapitän Stefan Reuter Ratschläge und Anweisungen.

Sammer mit Jürgen Klinsmann auf der Schulbank.
Im Juni 2000 erwerben sie die Trainerlizenz bei DFB-Ausbilder Gero Bisanz (Mitte).

Der erste Tag als Cheftrainer in Dortmund:
Sammer am 3. Juli 2000 mit Co-Trainer Uwe Neuhaus (links) und Sport-Manager Michael Zorc

NIE MEHR OHNE MUSIK. MIT DEM PANASONIC SD75 AUDIO PLAYER IM ARMBANDUHR-FORMAT. INKLUSIVE 64 MB SD-CARD.
EINSETZBAR AUCH IN CAMCORDERN UND ANDEREN MULTIMEDIAPRODUKTEN. MEHR UNTER:
WWW.EWEAR.PANASONIC.DE < INFORMATIONEN > WWW.SDWORLD.PANASONIC.DE
DER DJ FÜR UNTERWEGS: SD75 AUDIO PLAYER
The e.wear digital music player from Panasonic
Panasonic
CHANGES YOUR LIFE.
64MB

Sammer, der Vulkan. Sein ausgeprägter Gerechtigkeitssinn ließ ihn auch mit den Schiedsrichtern nicht gut Kirschen essen. Hier erzürnt er sich über ein Foul an Möller.

Sammer, der Einpeitscher, mit dem unschönen Beinamen »Motzki«, weil er seine Mitspieler zu Bestleistungen anzustacheln versuchte.

Sammer, der Überflieger:
Schulbuchmäßiger Flugkopfball während
der EM in England gegen Kroatien

Sammer als Torschütze: Gegen Kroatien erzielt er den wichtigen Siegtreffer zum 2 : 1, das Tor zum Halbfinale.

Sammer, unterdrückt von drei Dänen. Szene aus dem EM-Finale 1992 in Schweden (0 : 2 gegen Dänemark)

ROLLERBALL
2002

Der Ritterschlag! Nach einem Kopfballduell mit Heiko Herrlich spielt Sammer trotz tiefer Risswunde an der Stirn weiter, lässt sich am Spielfeldrand tackern. Dortmund holt ein 3 : 3 in Gladbach. Sammer behält als Erinnerung eine große Narbe.

Duell der Freunde: Sammer (Stuttgart) gegen Freund (Schalke). Beide spielten später für den BvB und feierten gemeinsam große Siege.

Foto mit Seltenheitswert: Sammer im Trikot von Inter Mailand. Für die Italiener spielte er nur ein halbes Jahr.

Sammer, der König:
Europas Fußballer des Jahres triumphiert in der Champions League, hier gegen Juve-Star Zinedine Zidane, den späteren Welt- und Europameister.

Sein letztes Bundesligaspiel im Westfalenstadion am 27. September 1997 gegen 1860 München (2 : 3) – hier im Zweikampf mit Jens Jeremies

Der letzte Zweikampf: Sammer gegen den damaligen Bielefelder Ali Daei

Bitter! Ausgerechnet ein Zweikampf mit seinem EM-Kumpel Stefan Kuntz bedeutete das Ende der Karriere. Kuntz entschuldigt sich.

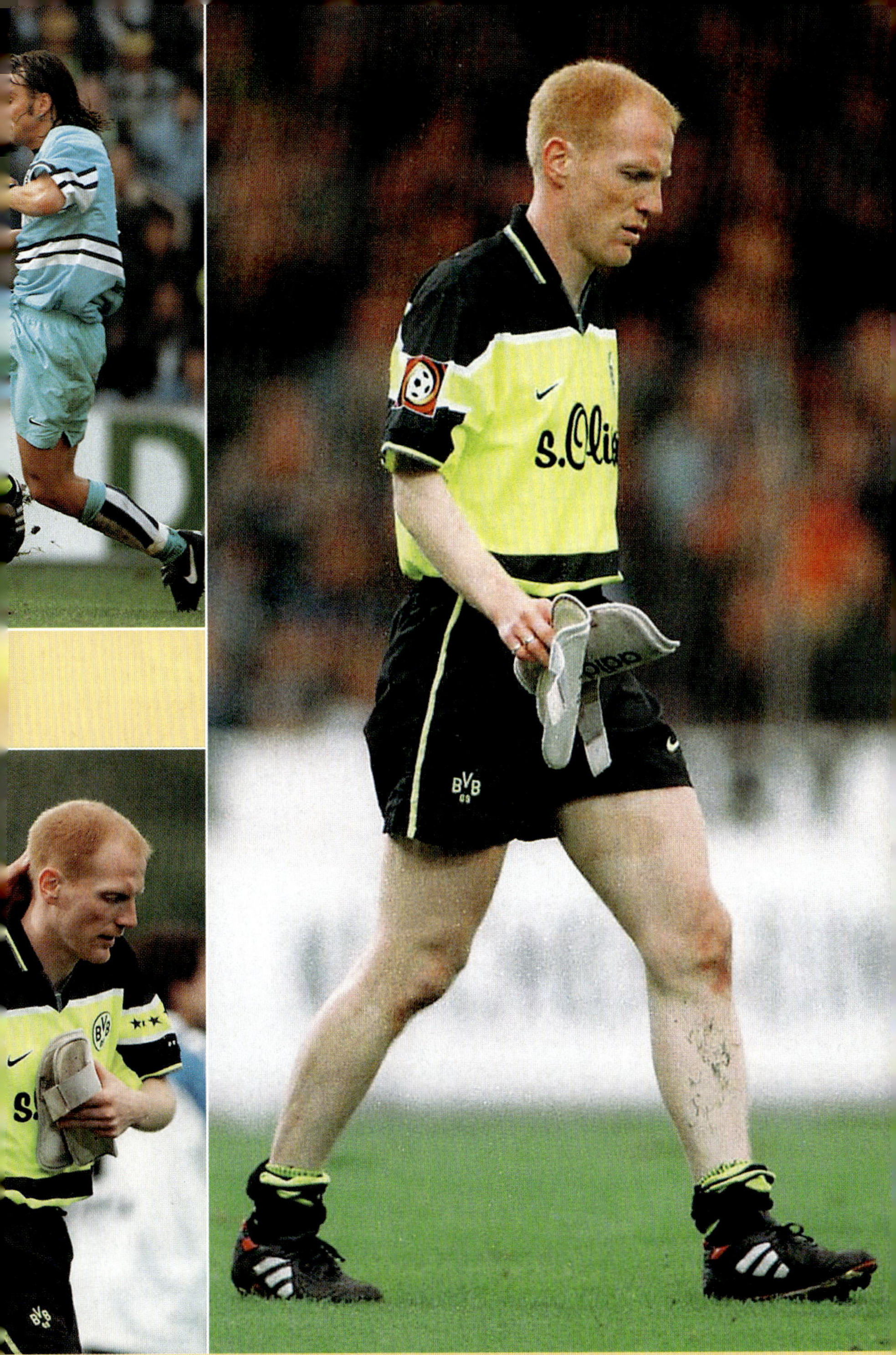

Der Abgang am 3. Oktober 1997:
Bei Halbzeit in Bielefeld muss Sammer raus –
und kommt nie wieder.

Matthias Sammer geht. Er hat dem Trikot mit der Nummer 6 eine neue Bedeutung verschafft – als Libero auf dem ganzen Platz.

gängen Sunday Oliseh (14 Millionen Mark), Jörg Heinrich (12 Millionen) und später auch noch Tomas Rosicky (25 Millionen). Aber Sammer, der Perfektionist, sieht seine Hauptaufgabe im Umdenken der Spieler. »Sehen Sie«, so schreibt er bereits vor der Saison in einem Beitrag für *Die Welt*, »die Zuschauer sind in Vorleistung getreten. Trotz der schlechten EM haben wir 42 000 Dauerkarten verkauft. Dieses Vertrauen in eine zu erwartende Leistung müssen wir jetzt zurückzahlen.«

Und er schreibt auch: »Für mich gibt es eine völlig neue Situation. Als Spieler musste ich mich immer erst gegen Widerstände durchsetzen. Jetzt aber muss ich mit Vorschusslorbeeren umzugehen lernen.« Ja, Sammer, der Messias. Ganz Dortmund liegt dem Rotschopf bei seinem Dienstantritt zu Füßen. Selbst Spieler wie Kohler oder Reuter hatten ihn bestärkt, den Job anzunehmen, ihr Chef zu werden. Ein Vertrauensvorschuss, den er bestätigen muss.

Matthias Sammer, der große Spieler. Wird er auch ein großer Trainer?

Der Zehn-Jahres-Vertrag

SCHAUPLATZ: WWW.BORUSSIA-DORTMUND.DE
DATUM: 6. JUNI 2001

Mag sein, dass es nur ein Versehen ist. Mag aber auch sein, dass dahinter viel mehr steckt. Am 6. Juni jedenfalls veröffentlicht Sport-Bild, *was Borussia auf ihrer eigenen Homepage im Internet veröffentlicht. Wer sich da durchklickt über »News« und auf der Seite der BvB-Trainer anlangt, findet dort die lange, lange Liste der Erfolgreichen und der Gescheiterten. Immer mit einem Anfangs- und einem Enddatum versehen. Bei Bernd Krauss zum Beispiel steht da: 6.2.2000 bis 12.4.2000. Bei Lattek: 12.4.2000 bis 30.6.2000. Wer dann auf den Eintrag bei Matthias Sammer schaut, ist verblüfft. Das Anfangsdatum 1.7.2000 ist verbürgt. Aber da wird das Ende seiner Trainerlaufbahn in Dortmund bis 30.6.2010 angegeben. Ein Fehler? Ein Missverständnis? Ein Versehen? Wunschdenken?*

Offiziell läuft der Vertrag des Trainer-Neueinsteigers bis 30. Juni 2002. Zwei Jahre, durchaus branchenüblich. Und wer immer Präsident Dr. Gerd Niebaum auf den Trainervertrag anspricht, erhält zur Antwort: »Das regeln wir zwischen zwei Tassen Kaffee.« Manchmal geht er auch weiter, wenn er sagt: »Matthias ist für uns ein absoluter Glücksfall. Wir wollen mit ihm durch dick und dünn gehen.« Hier aber steht schwarz auf weiß, was es bisher in der Bundesliga noch nie gegeben hat: ein Zehn-Jahres-Vertrag für einen Trainer, noch dazu für einen Neueinsteiger in die Heuer- und Feuer-Gesellschaft Bundesliga.

Falls nach nur zwölf Monaten Arbeit schon eine Antwort auf die Frage gestattet ist, ob Matthias Sammer ein großer Trainer wird oder nicht, dann dient dieser Hinweis im Internet wohl als erste Antwort.

Denn ihm gelang, was zwar viele zu hoffen wagten, aber keiner so recht glauben mochte: Borussia »is back.« Zurück in der Champions League. Platz drei hinter Bayern und Schalke ist der Beleg dafür, dass Borussia wieder eine feste Größe im deutschen Fußball ist.

Dabei war es eine Saison voller Rück- und Nackenschläge, in der Matthias Sammer auch viel Lehrgeld zahlen musste.

Schon zu Beginn verabschiedete sich der Leitwolf: Stefan Reuter, der Kapitän, meldete sich mit einem Kreuzbandriss ab. Erst in der Endphase der Meisterschaft konnte er wieder eingreifen.

Da war der Schicksalsschlag mit Heiko Herrlich. Weil er im Training auch an leichtesten Flankenbällen vorbeitrat, schickte ihn Borussia zum Arzt. Die Diagnose der vermeintlichen Sehschwäche war niederschmetternd: Tumor im Mittelhirn und operativ nicht zu entfernen. In einer Spezialklinik in Heidelberg setzte sich der Stürmer einer Strahlenbehandlung aus und – es war Borussias schönste Nachricht der Saison – meldete sich 129 Tage später wieder gesund, konnte im April schon wieder erste Trainingseinheiten mitmachen. Wann er wieder spielen kann, bleibt allerdings offen.

Ibrahim Tanko fiel bei einer Doping-Kontrolle auf, gestand Marihuana-Konsum, wurde ein halbes Jahr gesperrt und zum SC Freiburg verkauft.

Nein, es war keine leichte Saison.

Da war der Rückschlag in München: Mit 2:6 kam die Borussia im Olympiastadion unter die Räder, obwohl Heiko Herrlich sogar die Führung gelang. »Sammer, der Lehrling«, so wurde getitelt, weil er mit taktischen Änderungen seinem Gegenüber Ottmar Hitzfeld in die Karten gespielt und so das Debakel ermöglicht hatte. Später gestand Sammer: »Da habe ich wirklich ans Aufhören gedacht.«

Aber ein Sammer gibt nicht beim ersten Gegenwind auf. Er machte sich an die Arbeit, sich und die Mannschaft weiter zu verbessern.

Als die Bayern im Rückspiel nach Dortmund kamen, ging es um die Tabellenführung. Geschwächt vom 1:0-Sieg in Manchester traten die Münchner am 7. April im Westfalenstadion an und auf (fast) alles, was sich bewegte. Besonders Rosicky machte mit Beinen (Jeremies), Armen (Lizarazu), Tritten und Füßen fast jedes Münchners Bekanntschaft. Bei einem Sieg hätte Borussia sogar den Meisterkurs einschlagen können. Die Partie machte als »Schmutz-Gipfel« Schlagzeilen. Lizarazu, Effenberg und Evanilson sahen die Rote Karte, zwölfmal zeigte Schiedsrichter Hartmut Strampe Gelb, drei Tore wurden nicht gegeben, darunter der korrekte Treffer von Fredi Bobic zum 2:1. Und als in letzter Sekunde ein Zauber-Freistoß von Tomas Rosicky vom Pfosten in die Arme von Kahn sprang, wussten die Borussen: Nein, mit dem Titel wird das nichts. Noch nicht.

Noch ist das feine Gebilde, das Sammer da zurecht

gezimmert hat nach der Desaster-Saison ein Jahr zuvor, zu zerbrechlich. Sobald der Gegner in Führung geht, beginnt noch das Zittern. Wenn Borussia aber ins Rollen kommt, wird selbst der gefürchtete Betzenberg in Kaiserslautern sturmreif geschossen. Das 4:1 war die vielleicht imponierendste Vorstellung der Saison.

Gegen die »Großen« war Borussia noch nicht groß genug. Kein Sieg gegen die Bayern (2:6, 1:1), keiner gegen Vizemeister Schalke (0:4 zu Hause, 1:2 im Pokal, 0:0 auf Schalke), zwei Pleiten gegen Leverkusen (0:2, 1:3), dazu weitere Heimniederlagen gegen 1860 München (2:3) und Kaiserslautern (1:2) – wer auf den Thron will, muss mehr Konstanz zeigen.

Das größte Manko aber war das Ausnutzen der zahlreichen Torchancen. Kein Dortmunder tauchte unter den besten Zehn der Torjägerliste auf, bester Schütze mit gerade mal zehn Treffern war noch Fredi Bobic. Deshalb ging Matthias Sammer schon früh auf die Suche nach einem Stürmer mit internationalem Niveau, flog nach Prag, um sich im Rosicky-Land nach einem weiteren Tschechen umzusehen, und wurde schließlich beim RSC Anderlecht in Belgien fündig: Jan Koller, 202 Zentimeter groß, 103 Kilogramm schwer und mit Schuhgröße 50 ausgestattet, wechselt für 21 Millionen Mark ins Westfalenstadion.

Er ist das i-Tüpfelchen auf das taktische Korsett, das Sammer seiner Borussia verpasst hat. Er pflegt das konsequente Flügelspiel und hat hier mit Otto Addo (rechts) und Billy Reina (links) zwei starke Vorbereiter. Dede auf links wird immer stärker und hat sein brasilianisches Pendant Evanilson längst überflügelt. Die Allzweckwaffe Jörg Heinrich, die Sammer aus Florenz zurückholte, schaffte den Sprung zurück in die Nationalelf genauso wie Christian Wörns, der knallharte Manndecker. Beweis auch dafür, dass Borussia im deutschen Fußballland wieder etwas zählt.

Wie konsequent der Trainer-Novize sein kann, bewies er noch einmal am allerletzten Spieltag. In der Mannschaftssitzung vor dem Köln-Spiel erfuhr der nigerianische Olympiasieger Sunday Oliseh, dass er nicht zur ersten Wahl zählt. Eine Maßnahme, die er so nicht akzeptieren wollte und vor versammelter Mannschaft in Frage stellte. Sammer ließ sich auf keine Diskussionen ein, verbannte den Olympiasieger auf die Tribüne und verdonnerte ihn tags darauf auch noch zu einer saftigen Geldstrafe von 10 000 Mark.

Respekt und Autorität muss sich auch ein Sammer erst erarbeiten. Aber mit jeder konsequenten Maßnahme und mit jedem Sieg wird auch seine Position gefestigter. Platz drei ist ein glänzender Beweis für hervorragende Arbeit.

Sammer und Dortmund – die Ehe geht nun ins zehnte Jahr. Obwohl Borussia ihm nur einen Zwei-Jahres-Vertrag gab, scheint beiden Seiten daran gelegen zu sein, eine neue Ära aufzubauen. Wie sehr sich Sammer inzwischen mit Dortmund verbunden fühlt, zeigt auch das: Er hat sich gerade eine Villa gebaut, die er nach sechswöchigem Hotelaufenthalt zum Saisonende beziehen konnte.

Jetzt wartet die nächste Herausforderung auf Jung-Trainer Sammer – auf internationaler Bühne. Die Qualifikation zur Champions League wird auch ihm neuen Glanz und noch größere Anerkennung bringen. Der HSV und 1860 München im Vorjahr und die Hertha ein

Jahr davor mussten viel Lehrgeld bezahlen und konnten die Doppelbelastung nicht verkraften.

Matthias Sammer kennt das. Als Spieler zumindest. Er wird wissen, was zu tun ist, um Borussia den Tanz auf beiden Hochzeiten beizubringen. In der Bundesliga genauso wie auf der europäischen Bühne.

Und dann scheint nicht unmöglich, was Borussia schon vorab auf ihrer Homepage veröffentlicht hat. Ein Zehn-Jahres-Vertrag für den Trainer Matthias Sammer.

Anhang

DAS IST MATTHIAS SAMMER

Name	Matthias Sammer
Sternzeichen	Jungfrau
Geboren	5. September 1967 in Dresden
Größe	1,80 Meter
Gewicht	75 Kilogramm
Haarfarbe	rotblond
Augenfarbe	graugrün
Eltern	Klaus Sammer, DDR-Auswahlspieler, Trainer, zur Zeit Jugendtrainer beim DFB Dörte Sammer, gelernte Säuglingsschwester
Geschwister	Schwester Katrin (geboren 1963)
Schule	11. Oberschule, Mittlere Reife
Erlernter Beruf	Maschinenanlagen-Monteur (1984 bis 1986)
Religion	keine
Verheiratet	mit Ehefrau Karin seit dem 2. Juli 1993
Kinder	Sarah, geboren 25. September 1991 Marvin, geboren 22. Februar 1995
Vereine	Dynamo Dresden (1972 bis 1990) VfB Stuttgart (1990 bis 1992) Inter Mailand (1992 bis 1/1993) Borussia Dortmund (seit Januar 1993)
Erfolge	1986 U-18-Europameister mit der DDR-Auswahl 1989 DDR-Meister mit Dynamo Dresden

	1990 DDR-Meister mit Dynamo Dresden
	1990 DDR-Pokalsieger mit Dynamo Dresden
	1992 Deutscher Meister mit dem VfB Stuttgart
	1995 Deutscher Meister mit Borussia Dortmund
	1996 Deutscher Meister mit Borussia Dortmund
	1996 Europameister
	1997 Champions-League-Sieger mit Borussia Dortmund
Länderspiele	23 Länderspiele/6 Tore für die DFV
	51 Länderspiele/8 Tore für den DFB
Ehrungen	Deutscher Fußballer des Jahres 1995 und 1996
	Europas Fußballer des Jahres 1996

SEINE TITEL

1986 U-18 Europameister mit der DDR-Auswahl
1989 DDR-Meister mit Dynamo Dresden
1990 DDR-Meister mit Dynamo Dresden
1990 DDR-Pokalsieger mit Dynamo Dresden
1992 Deutscher Meister mit dem VfB Stuttgart
1995 Deutscher Meister mit Borussia Dortmund
1995 Deutschlands Fußballer des Jahres
1996 Deutscher Meister mit Borussia Dortmund
1996 Europameister
1996 Deutschlands Fußballer des Jahres
1996 Europas Fußballer des Jahres
1997 Champions-League-Sieger mit Borussia Dortmund

DEUTSCHLANDS FUSSBALLER DES JAHRES 1995

1. **Matthias Sammer** (Borussia Dortmund) 424 Stimmen
2. Jürgen Klinsmann (Tottenham/FC Bayern München) 393
3. Mario Basler (SV Werder Bremen) 60
4. Rodolfo Cardoso (SC Freiburg/SV Werder Bremen) 24
5. Heiko Herrlich (Borussia Mönchengladbach/Borussia Dortmund) 23
6. Stefan Effenberg (Borussia Mönchengladbach) und Jörg Heinrich (SC Freiburg) je 13
8. Thomas Helmer (FC Bayern München) 11

9. Thomas Häßler (Karlsruher SC)
und Stefan Böger (MSV Duisburg) je 9
11. Rudi Völler (Bayer 04 Leverkusen) 8
12. Andreas Herzog (SV Werder Bremen/FC Bayern München)
13. Andreas Köpke (Eintracht Frankfurt)
14. Stefan Kuntz (1. FC Kaiserslautern/Besiktas)
und Peter Nowak (TSV 1860 München) je 6
16. Jonathan Akpoborie (Stuttgarter Kickers/Waldhof Mannheim)
17. Andreas Möller (Borussia Dortmund)
18. Uwe Spies (SC Freiburg)
und Mehmet Scholl (FC Bayern München) je 4

DEUTSCHLANDS FUSSBALLER DES JAHRES 1996

1. **Matthias Sammer** (Borussia Dortmund) 166
2. Jürgen Klinsmann (FC Bayern München) 154
3. Andreas Köpke (Eintracht Frankfurt) 91
4. Michael Zorc (Borussia Dortmund) 89
5. Mehmet Scholl (FC Bayern München) 70
6. Andreas Möller (Borussia Dortmund) 42
7. Thomas Helmer (FC Bayern München) 42
8. Thomas Häßler (Karlsruher SC) 37
9. Dieter Eilts (SV Werder Bremen) 29
10. Rudi Völler (Bayer 04 Leverkusen) 21
11. Oliver Bierhoff (Udine) 20
12. Fredi Bobic (VfB Stuttgart) 14
13. Stefan Effenberg (Borussia Mönchengladbach) 11
14. Jürgen Kohler (Borussia Dortmund) 10
15. Jens Lehmann (FC Schalke 04) 10
16. Lothar Matthäus (FC Bayern München) 5
17. Sean Dundee (Karlsruher SC) 4
18. Peter Nowak (TSV 1860 München) 4
19. Giovane Elber (VfB Stuttgart) 3
20. Georg Koch (Fortuna Düsseldorf) 3
21. Klaus Thomforde (FC St. Pauli) 3
22. Fritz Walter (Arminia Bielefeld) 3
23. Christian Ziege (FC Bayern München) 3

DEUTSCHLANDS FUSSBALLER DES JAHRES

1960 Uwe Seeler (Hamburger SV)
1961 Max Morlock (1. FC Nürnberg)
1962 Karl-Heinz Schnellinger (1. FC Köln)
1963 Hans Schäfer (1. FC Köln)
1964 Uwe Seeler (Hamburger SV)
1965 Hans Tilkowski (Borussia Dortmund)
1966 Franz Beckenbauer (FC Bayern München)
1967 Gerd Müller (FC Bayern München)
1968 Franz Beckenbauer (FC Bayern München)
1969 Gerd Müller (FC Bayern München)
1970 Uwe Seeler (Hamburger SV)
1971 Berti Vogts (Borussia Mönchengladbach)
1972 Günter Netzer (Borussia Mönchengladbach)
1973 Günter Netzer (Borussia Mönchengladbach)
1974 Franz Beckenbauer (FC Bayern München)
1975 Sepp Maier (FC Bayern München)
1976 Franz Beckenbauer (FC Bayern München)
1977 Sepp Maier (FC Bayern München)
1978 Sepp Maier (FC Bayern München)
1979 Berti Vogts (Borussia Mönchengladbach)
1980 Karl-Heinz Rummenigge (FC Bayern München)
1981 Paul Breitner (FC Bayern München)
1982 Karlheinz Förster (VfB Stuttgart)
1983 Rudi Völler (SV Werder Bremen)
1984 Harald Schumacher (1. FC Köln)
1985 Hans-Peter Briegel (Hellas Verona)
1986 Harald Schumacher (1. FC Köln)
1987 Uwe Rahn (Borussia Mönchengladbach)
1988 Jürgen Klinsmann (VfB Stuttgart)
1989 Thomas Häßler (1. FC Köln)
1990 Lothar Matthäus (Inter Mailand)
1991 Stefan Kuntz (1. FC Kaiserslautern)
1992 Thomas Häßler (AS Rom)
1993 Andreas Köpke (1. FC Nürnberg)
1994 Jürgen Klinsmann (Tottenham)
1995 Matthias Sammer (Borussia Dortmund)
1996 Matthias Sammer (Borussia Dortmund)
1997 Jürgen Kohler (Borussia Dortmund)

1998 Oliver Bierhoff (Udinese Calcio)
1999 Lothar Matthäus (FC Bayern München)
2000 Oliver Kahn (FC Bayern München)

EUROPAS FUSSBALLER DES JAHRES 1996

1. **Matthias Sammer** (Borussia Dortmund) 144
2. Ronaldo (Barcelona) 141
3. Alan Shearer (Newcastle) 107
4. Alessandro Del Piero (Juventus Turin) 65
5. Jürgen Klinsmann (FC Bayern München) 60
6. Davor Suker (Real Madrid) 38
7. Eric Cantona (Manchester United) 38
8. Marcel Desailly (AC Mailand) 22
9. Youri Djorkaeff (Inter Mailand) 20
10. George Weah (AC Mailand) 17
11. Karel Poborsky (Prag/Manchester) 15
12. Andreas Köpke (Marseille) 12
    Alen Boksic (Lazio Rom/Juventus Turin) 12
    Gabriel Batistuta (Florenz) 12
15. Predrag Mijatovic (Valencia/Real Madrid) 9
    Fabrizio Ravanelli (Juventus Turin/Middlesbrough) 9
17. Didier Dechamps (Juventus Turin) 8
18. Kubilay Türkyilmaz (GC Zürich) 5
19. Raul (Real Madrid) 4
    David Seaman (Arsenal London) 4
19. Christian Ziege (FC Bayern München) 3
    Patrik Berger (Borussia Dortmund/Liverpool) 3
    Trifon Ivanov (Rapid Wien) 3
    Paolo Maldini (Milan) 3
26. Radek Beibl (Prag/Atletico Madrid) 2
    Rui Costa (Florenz) 2
28. Ronald de Boer (Ajax Amsterdam) 1
    Luis Figo (Barcelona) 1
    Brian Laudrup (Glasgow) 1
    Sergi Barjuan (Barcelona) 1
    Zinedine Zidane (Bordeaux/Juventus Turin) 1

Diese Wahl führt traditionell die französische Sportzeitung *France Football* durch.

DIE FUSSBALLER EUROPAS

1956 Matthews (England)
1957 Di Stefano (Spanien)
1958 Kopa (Frankreich)
1959 Di Stefano (Spanien)
1960 Suarez (Spanien)
1961 Sivori (Italien)
1962 Masopust (CSSR)
1963 Jaschin (UdSSR)
1964 Law (Schottland)
1965 Eusebio (Portugal)
1966 B. Charlton (England)
1967 Albert (Ungarn)
1968 Best (Nordirland)
1969 Rivera (Italien)
1970 Gerd Müller
1971 Cruyff (Holland)
1972 Franz Beckenbauer
1973 Cruyff (Holland)
1974 Cruyff (Holland)
1975 Blochin (UdSSR)
1976 Franz Beckenbauer
1977 Simonsen (Dänemark)
1978 Keegan (England)
1979 Keegan (England)
1980 Karl-Heinz Rummenigge
1981 Karl-Heinz Rummenigge
1982 Rossi (Italien)
1983 Platini (Frankreich)
1984 Platini (Frankreich)
1985 Platini (Frankreich)
1986 Belanow (UdSSR)
1987 Gullit (Holland)
1988 Van Basten (Holland)
1989 Van Basten (Holland)
1990 Lothar Matthäus
1991 Papin (Frankreich)
1992 Van Basten (Holland)
1993 R. Baggio (Italien)
1994 Stoitchkov (Bulgarien)
1995 Weah (Liberia/Mailand)
1996 Matthias Sammer
1997 Ronaldo (Brasilien/Mailand)
1998 Zidane (Frankreich/Turin)
1999 Rivaldo (Brasilien/Barcelona)
2000 Figo (Portugal/Madrid)

Die Karriere in Zahlen

DER TRAINER SAMMER

SAISON 2000/01 (Borussia Dortmund)
Bundesliga: 34 Spiele
Europacup: nicht vertreten
Pokal: Viertelfinale (0:2 bei Schalke 04)
Erfolge: Platz 3 in der Meisterschaft,
Qualifikation zur Champions League

SAISON 1999/2000 (Borussia Dortmund)
Bundesliga (ab 30. Spieltag): 2:2 beim MSV Duisburg
0:1 gegen Bayern München
2:1 beim VfB Stuttgart
1:1 gegen Schalke 04
3:0 bei Hertha BSC
Erfolge: Führt Borussia zusammen mit Cheftrainer Udo Lattek
aus der Abstiegszone auf Platz 11.

DER SPIELER SAMMER

SAISON 1997/98 (BORUSSIA DORTMUND)
Bundesliga: 3 Spiele, 0 Tore
Europacup: 1 Spiel, 0 Tore
Länderspiele: 0 Spiele, 0 Tore
Erfolge: Halbfinale Champions League (0:0/0:2 gegen Real Madrid);
Platz 10 in der Meisterschaft

SAISON 1996/97 (Borussia Dortmund)
Bundesliga: 16 Spiele, 0 Tore
Europacup: 5 Spiele, 0 Tore
Länderspiele: 4 Spiele, 0 Tore
Erfolge: Gewinn der Champions League, 3:1 über Juventus Turin durch Tore von Riedle (2) und Ricken am 28. Mai 1997 in München; Meisterschaftsdritter

Portugal – Deutschland 0:0 **14.12.1996 in Lissabon**
Köpke – Sammer – Reuter, Kohler, Babbel (85. Tarnat), Ziege – Eilts, Basler (70. Kirsten), Möller – Klinsmann, Bobic

Israel – Deutschland 0:1 (0:0) **26.2.1997 in Tel Aviv**
Kahn – Sammer – Babbel, Kohler, Ziege – Basler (63. Heinrich), Eilts, Möller, Wosz – Klinsmann, Bobic (46. Kirsten)
Tor: 0:1 Wosz (85.)

Albanien – Deutschland 2:3 (0:0) **2. 4.1997 in Granada**
Köpke – Sammer – Reuter (61. Heinrich), Kohler, Helmer, Ziege – Eilts (63. Kirsten), Wosz, Möller – Klinsmann, Bierhoff
Tore: 1:0 Kola (61., Foulelfmeter), 1:1 Kirsten (63.), 1:2 Kirsten (80.), 1:3 Kirsten (84.), 2:3 Kola (90., Foulelfmeter)

Ukraine – Deutschland 0:0 **7.6.1997**
Köpke – Sammer – Heinrich, Kohler, Helmer, Ziege – Eilts, Basler, Wosz (70. Scholl) – Klinsmann, Kirsten (88. Bierhoff)

SAISON 1995/96 (Borussia Dortmund)
Bundesliga: 22 Spiele, 3 Tore
Europacup: 6 Spiele, 0 Tore
Länderspiele: 13 Spiele, 5 Tore
Erfolge: Deutscher Meister; Europameister;
Deutschlands Fußballer des Jahres; Europas Fußballer des Jahres

Deutschland – Moldawien 6:1 (3:0) **8.10.1995 in Leverkusen**
Köpke – Sammer (83. Wörns) – Babbel, Helmer – Freund, Eilts, Ziege – Häßler, Möller (78. Scholl) – Klinsmann, Herrlich (64. Bobic)
Tore: 1:0 Stroenco (16., Eigentor), 2:0 Helmer (18.), 3:0 Sammer (24.), 4:0 Möller (47.), 5:0 Möller (61.), 6:0 Sammer (72.), 6:1 Rebeja (82.)

Wales – Deutschland 1:2 (0:0) **19.19.1995 in Cardiff**
Köpke – Sammer – Babbel (46. Wörns), Helmer – Freund, Eilts, Ziege – Häßler, Möller – Klinsmann, Herrlich (74. Kuntz)
Tore: 0:1 Melville (75., Eigentor), 1:1 Helmer (79., Eigentor), 1:2 Klinsmann (81.)

Deutschland – Bulgarien 3:1 (0:0) **15.11.1995 in Berlin**
Köpke – Sammer – Babbel, Kohler (46. Strunz), Freund – Eilts, Helmer, Basler, Häßler (87. Reuter) – Klinsmann, Kuntz (82. Bobic)
Tore: 0:1 Stoitchkov (47.), 1:1 Klinsmann (50.), 2:1 Häßler (56.), 3:1 Klinsmann (76.)

Portugal – Deutschland 1:2 (0:1) **21.2.1996 in Porto**
Köpke – Sammer – Babbel, Kohler, Ziege (46. Albertz) – Häßler (69. Basler), Freund, Helmer, Möller – Klinsmann, Kuntz (46. Bierhoff)
Tore: 0:1 Möller (14.), 1:1 Folha (52.), 1:2 Möller (66.)

Holland – Deutschland 0:1 (0:1) **24.4.1996 in Rotterdam**
Köpke – Sammer (46. Helmer) – Reuter, Ziege – Freund, Häßler (90. Kuntz), Eilts (79. Babbel), Basler (84. Scholl) – Klinsmann, Bierhoff
Tor: 0:1 Klinsmann (19., Foulelfmeter)

Deutschland – Frankreich 0:1 (0:1) **1.6.1996 in Stuttgart**
Köpke – Sammer – Reuter, Babbel, Ziege (46. Scholl) – Häßler (46. Basler), Eilts (46. Freund), Helmer, Möller – Klinsmann, Bobic
Tor: 0:1 Blanc (6.)

Deutschland – Liechtenstein 9:1 (4:0) **4.6.1996 in Mannheim**
Reck – Sammer – Reuter (76. Freund), Kohler, Ziege (76. Klinsmann) – Häßler (46. Basler), Eilts (46. Strunz), Helmer (46. Bode), Möller (64. Scholl) – Bierhoff, Kuntz
Tore: 1:0 Möller (4.), 2:0 Kuntz (18.), 3:0 Bierhoff (22.), 4:0 Ziege (38.), 5:0 Sammer (48.), 6:0 Kohler (53.), 7:0 Möller (64.), 7:1 Perez (69.), 8:1 Klinsmann (86.), 9:1 Kuntz (90.)

Deutschland – Tschechien 2:0 (2:0) **9.6.1996 in Manchester (EM)**
Köpke – Sammer – Reuter, Kohler (14. Babbel), Helmer – Häßler, Eilts, Möller, Ziege – Bobic (65. Strunz), Kuntz (83. Bierhoff)
Tore: 1:0 Ziege (26.), 2:0 Möller (32.)

Deutschland – Rußland 3:0 (0:0) 16.6.1996 in Manchester (EM)
Köpke – Sammer – Reuter, Babbel, Helmer, Ziege – Häßler (67. Freund), Eilts, Möller (87. Strunz) – Bierhoff (85. Kuntz), Klinsmann
Tore: 1:0 Sammer (56.), 2:0 Klinsmann (77.), 3:0 Klinsmann (90.)

Deutschland – Italien 0:0 19.6.1996 in Manchester (EM)
Köpke – Sammer – Strunz, Freund, Helmer, Ziege – Häßler, Eilts, Möller (89. Bode) – Klinsmann, Bobic

Deutschland – Kroatien 2:1 (1:0) 23.6.1996 in Manchester (EM-Viertelfinale) Köpke – Sammer – Reuter, Babbel, Helmer, Ziege – Scholl (88. Häßler), Eilts, Möller – Klinsmann (40. Freund), Bobic (46. Kuntz)
Tore: 1:0 Klinsmann (21., Handelfmeter), 1:1 Suker (52.), 2:1 Sammer (59.)

Deutschland – England 1:1 (1:1) n.V., 6:5 n.E. 26.6.1996 in London (EM-Halbfinale) Köpke – Sammer – Reuter, Babbel, Helmer (110. Bode), Ziege – Freund (119. Strunz), Eilts, Scholl (77. Häßler), Möller – Kuntz
Tore: 0:1 Shearer (3.), 1:1 Kuntz (16.)
Elfmeterschießen: 0:1 Shearer, 1:1 Häßler, 1:2 Platt, 2:2 Strunz, 2:3 Pearce, 3:3 Reuter, 3:4 Gascoigne, 4:4 Ziege, 4:5 Sheringham, 5:5 Kuntz, Köpke hält gegen Southgate, 6:5 Möller

Deutschland – Tschechien 2:1 (0:1, 1:1) n.V. 30.6.1996 in London (EM-Finale) Köpke – Sammer – Strunz, Babbel, Helmer, Ziege – Eilts (46. Bode), Scholl (69. Bierhoff), Häßler – Klinsmann, Kuntz
Tore: 0:1 Berger (59., Foulelfmeter), 1:1 Bierhoff (74.), 2:1 Bierhoff (95.)

SAISON 1994/95 (Borussia Dortmund)
Bundesliga: 28 Spiele, 4 Tore
Europacup: 7 Spiele, 0 Tore
Länderspiele: 6 Spiele, 0 Tore
Erfolge: Deutscher Meister; Deutschlands Fußballer des Jahres

Albanien – Deutschland 1:2 (1:1) 16.11.1994 in Tirana
Köpke – Matthäus – Berthold, Kohler – Reuter, Eilts, Sammer (46. Strunz), Weber (83. D. Schuster) – Möller – Klinsmann, Kirsten
Tore: 0:1 Klinsmann (18.), 1:1 Zmijani (33.), 1:2 Kirsten (46.)

Moldawien – Deutschland 0:3 (0:2) **14.12.1994 in Kischinew**
Köpke – Matthäus – Helmer, Berthold – Reuter, Häßler, Sammer, Weber – Möller (79. Kuntz) – Klinsmann, Kirsten (69. Strunz)
Tore: 0:1 Kirsten (7.), 0:2 Klinsmann (38.), 0:3 Matthäus (72.)

Deutschland – Albanien 2:1 (2:0) **18.12. 1994 in Kaiserslautern**
Köpke – Matthäus – Berthold, Helmer – Reuter, Häßler (79. Strunz), Sammer, Weber – Möller – Klinsmann, Kirsten (58. Kuntz)
Tore: 1:0 Matthäus (8., Foulelfmeter), 2:0 Klinsmann (17.), 2:1 Rraklli (58.)

Bulgarien – Deutschland 3:2 (2:1) **7.6.1995 in Sofia**
Köpke – Sammer – Reuter, Babbel, Helmer – Basler (80. Möller), Strunz (90. Kirsten), Elts – Häßler – Klinsmann, Herrlich
Tore: 0:1 Klinsmann (18.), 0:2 Strunz (44.), 1:2 Stoitchkov (45., Foulelfmeter), 2:2 Stoitchkov (66., Foulelfmeter), 3:2 Kostadinov (69.)

Deutschland – Italien 2:0 (2:0) **21.6.1995 in Zürich**
Köpke – Sammer – Babbel, Helmer, Freund – Reuter (46. Häßler), Ziege, Heinrich – Kirsten, Kuntz (82. Bobic)
Tore: 1:0 Helmer (4.), 2:0 Maldini (38., Eigentor)

Schweiz – Deutschland 1:2 (0:0) **23.6.1995 in Bern**
Kahn – Sammer – Freund, Helmer – Reuter, Todt, Ziege, Häßler, Scholl (46. Weber), Möller – Kuntz
Tore: 0:1 Häßler (63.), 1:1 Knup (75.), 1:2 Möller (83.)

SAISON 1993/94 (Borussia Dortmund)
Bundesliga: 29 Spiele, 4 Tore
Europacup: 8 Spiele, 0 Tore
Länderspiele: 12 Spiele, 2 Tore
Erfolge: WM-Teilnahme in den USA,
ausgeschieden im Viertelfinale

Argentinien – Deutschland 2:1 (1:1) **15.12.1993 in Miami**
Köpke – Matthäus – Kohler, Helmer – Effenberg, Häßler, Buchwald, Brehme, Möller (72. Sammer) – Kirsten, Klinsmann (70. Thom)
Tore: 1:0 Diaz (5.), 1:1 Möller (9.), 2:1 Balbo (65.)

USA – Deutschland 0:3 (0:1) 18.12.1993 in San Francisco
Illgner – Matthäus – Buchwald, Kohler (46. Sammer) – Effenberg, Häßler (75. Strunz), Eilts, Brehme (46. Ziege), Möller – Kuntz, Klinsmann (63. Thom)
Tore: 0:1 Möller (16.), 0:2 Kuntz (79.), 0:3 Thom (90.)

Mexiko – Deutschland 0:0 22.12.1993 in Mexico-City
Illgner – Matthäus – Kohler, Schulz – Strunz, Effenberg (78. Eilts), Gaudino (54. Häßler), Sammer, Ziege (64. Kuntz) – Möller, Klinsmann (71. Kirsten)

Deutschland – Italien 2:1 (1:1) 23.3.1994 in Stuttgart
Illgner – Matthäus – Buchwald, Kohler (72. Berthold) – Strunz, Effenberg, Sammer, Brehme – Möller, Häßler (78. Basler) – Klinsmann
Tore: D. Baggio (44.), 1:1 Klinsmann (45.), 2:1 Klinsmann (47.)

Ver. Arabische Emirate – Deutschland 0:2 (0:0) 27.4.94 in Abu Dhabi
Köpke – Matthäus (46. Sammer) – Berthold, Kohler – Strunz, Basler, Buchwald, Brehme (46. Helmer), Möller (83. Gaudino) – Kirsten, Thom (60. Häßler)
Tore: 0:1 Kirsten (67.), 0:2 Gaudino (90.)

Deutschland – Irland 0:2 (0:1) 29.5.1994 in Hannover
Illgner – Matthäus – Kohler (46. Häßler), Buchwald (36. Berthold) – Strunz, Basler, Sammer, Effenberg, Möller, Wagner – Riedle (67. Völler), Klinsmann
Tore: 0:1 Cascarino (31.), 0:2 Garry Kelly (68.)

Österreich – Deutschland 1:5 (0:1) 2.6.1994 in Wien
Illgner – Matthäus (85. Basler) – Kohler, Berthold – Strunz, Effenberg, Sammer (72. Helmer), Häßler, Brehme – Möller (77. Kuntz), Klinsmann (62. Riedle)
Tore: 0:1 Sammer (22.), 0:2 Möller (50.), 0:3 Klinsmann (62.), 0:4 Möller (66.), 1:4 Polster (77., Foulelfmeter), 1:5 Basler (90.)

Kanada – Deutschland 0:2 (0:1) 8.6.1994 in Toronto
Illgner – Matthäus – Kohler (46. Helmer), Berthold – Strunz (69. Gaudino), Basler (81. Kuntz), Sammer, Häßler (66. Wagner), Brehme – Völler, Klinsmann (46. Riedle)
Tore: 0:1 Sammer (31.), 0:2 Völler (90.)

Deutschland – Bolivien 1:0 (0:0) 17.6.1994 in Chicago (WM}
Illgner – Matthäus – Kohler, Berthold – Effenberg, Häßler (83. Strunz), Sammer, Möller, Brehme – Riedle (61. Basler), Klinsmann
Tor: 1:0 Klinsmann (61.)

Deutschland – Spanien 1:1 (0:1) 21.6.1994 in Chicago (WM)
Illgner – Matthäus – Kohler, Berthold – Strunz, Effenberg, Häßler, Sammer, Brehme – Möller (62. Völler), Klinsmann
Tore: 0:1 Goicoechea (14.), 1:1 Klinsmann (48.)

Deutschland – Südkorea 3:2 (3:0) 27.6.1994 in Dallas (WM)
Illgner – Matthäus (64. Möller) – Kohler, Berthold – Effenberg (75. Helmer), Buchwald, Sammer, Häßler, Brehme – Klinsmann, Riedle
Tore: 1:0 Klinsmann (12.), 2:0 Riedle (20.), 3:0 Klinsmann (37.), 3:1 Hwang (52.), 3:2 Shing (63.)

Deutschland – Belgien 3:2 (3:1) 2.7.1994 in Chicago (WM-Achtelfinale) Illgner – Matthäus (46. Brehme) – Kohler, Helmer – Berthold, Buchwald, Sammer, Häßler, Wagner – Klinsmann (85. Kuntz), Völler
Tore: 1:0 Völler (5.), 1:1 Grun (8.), 2:1 Klinsmann (11.), 3:1 Völler (39.), 3:2 Albert (89.)

SAISON 1992/93
(Inter Mailand 7/92 bis 1/93, Borussia Dortmund ab 1/93)
Serie A: 9 Spiele, 4 Tore
Bundesliga: 17 Spiele, 10 Tore
Europacup: gesperrt
Länderspiele: 5 Spiele, 1 Tor

Brasilien – Deutschland 3:1 (2:0) 16.12.1992 in Porto Alegre
Illgner – Buchwald – Wörns, Kohler – Wolter (69. Zorc), Wagner (46. K. Reinhardt) – Effenberg, Matthäus, Häßler (80. Sammer) – Klinsmann, Thom (68. Doll)
Tore: 1:0 Henrique (38.), 2:0 Bebeto (42.), 2:1 Sammer (85.), 3:1 Jorginho (90.)

Uruguay – Deutschland 1:4 (0:1) 20.12.1992 in Montevideo
Köpke – Thon – Kohler, Helmer – Häßler (84. Sammer), Zorc, Buchwald, Matthäus, Möller, Doll (84. Kirsten) – Klinsmann (46. Labbadia)
Tore: 0:1 Buchwald (41.), 0:2 Möller (60.), 0:3 Häßler (70.), 0:4 Klinsmann (76.), 1:4 Moran (84.)

Schottland – Deutschland 0:1 (0:1) 24.3.1993 in Glasgow
Köpke – Thon – Buchwald, Kohler – Häßler, Zorc, Matthäus (88. Sammer), Doll (60. Effenberg), Helmer – Klinsmann, Riedle
Tor: 0:1 Riedle (21.)

Deutschland – Brasilien 3:3 (0:3) 10.6.1993 in Washington
Köpke – Buchwald – Kohler, Helmer – Effenberg, Zorc (54. Strunz), Matthäus, Ziege (74. Schulz), Sammer (46. Riedle), Möller – Klinsmann
Tore: 0:1 Helmer (13., Eigentor), 0:2 Careca (32., Foulelfmeter), 0:3 Luisinho (39.), 1:3 Klinsmann (66.), 2:3 Möller (80.), 3:3 Klinsmann (90.)

England – Deutschland 1:2 (1:1) 19.6.1993 in Detroit
Illgner – Helmer – Buchwald, Schulz – Strunz, Effenberg (77. Zorc), Matthäus, Möller (63. Sammer), Ziege – Riedle, Klinsmann
Tore: 0:1 Effenberg (26.), 1:1 Platt (31.), 1:2 Klinsmann (53.)

SAISON 1991/92 (VfB Stuttgart)
Bundesliga: 33 Spiele, 9 Tore
Europacup: 3 Spiele, 1 Tor
Länderspiele: 7 Spiele, 0 Tore
Erfolge: Deutscher Meister; Vizeeuropameister

CSSR – Deutschland 1:1 (1:1) 22.4.1992 in Prag
Köpke – Binz – Helmer, Buchwald, Wörns – Häßler (81. Möller), Effenberg, Thom (67. Sammer), Frontzeck – Klinsmann, Völler
Tore: 0:1 Häßler (39.), 1:1 Bilek (42., Foulelfmeter)

Deutschland – Türkei 1:0 (0:0) 30.5.1992 in Gelsenkirchen
Köpke – Kohler, Binz, Buchwald – Wörns (46. Effenberg), Häßler, Sammer, Möller, Brehme – Völler, Klinsmann (57. Thom)
Tor: 1:0 Völler (63.)

Deutschland – Nordirland 1:1 (1:1) **2.6.1992 in Bremen**
Illgner – Binz – Kohler, Buchwald – Reuter, Effenberg, Sammer (74. Thom), Häßler (46. Doll), Brehme – Völler, Riedle
Tore: 0:1 Hughes (22.), 1:1 Binz (40.)

Deutschland – Schottland 2:0 (1:0) **15.6.1992 in Norrköping (EM)**
Illgner – Kohler, Binz, Buchwald, Brehme – Häßler, Effenberg, Sammer, Möller – Klinsmann, Riedle (68. Reuter, 75. Schulz)
Tore: 1:0 Riedle (30.), 2:0 Effenberg (47.)

Deutschland – Holland 1:3 (0:2) **18.6.1992 in Göteborg (EM)**
Illgner – Binz (46. Sammer) – Brehme, Helmer, Kohler, Frontzeck – Häßler, Effenberg, Möller – Riedle (77. Doll), Klinsmann
Tore: 0:1 Rijkaard (3.), 0:2 Witschge (15.), 1:2 Klinsmann (54.), 1:3 Bergkamp (73.)

Schweden – Deutschland 2:3 (0:1) **21.6.1992 in Stockholm (EM-Halbfinale)** Illgner – Helmer – Reuter, Kohler, Buchwald, Brehme – Häßler, Effenberg, Sammer – Klinsmann (90. Doll), Riedle
Tore: 0:1 Häßler (11.), 0:2 Riedle (59.), 1:2 Brolin (65., Foulelfmeter), 1:3 Riedle (89.), 2:3 Andersson (90.)

Dänemark – Deutschland 2:0 (1:0) **26.6.1992 in Göteborg (EM-Finale)** Illgner – Helmer – Reuter, Kohler, Buchwald, Brehme – Häßler, Effenberg (81. Thom), Sammer (46. Doll) – Klinsmann, Riedle
Tore: 1:0 Jensen (19.), 2:0 Vilfort (78.)

SAISON 1990/91 (VfB Stuttgart)
Bundesliga: 30 Spiele, 11 Tore
Europacup: nicht vertreten
DDR-Auswahlspiele: 1 Spiel, 2 Tore
Länderspiele: 4 Spiele, 0 Tore
Erfolge: Erster Spieler aus dem Osten in der gesamtdeutschen Nationalelf; letzter Kapitän einer DDR-Auswahl

Belgien – DDR 0:2 (0:0) **12.9.1990 in Brüssel**
Schmidt (90. Adler) – Peschke – Wagenhaus, Schößler – Schwanke, Stübner (26. Böger), Sammer, Bonan, Scholz (85. Kracht), Wosz – Rösler
Tore: 0:1 Sammer (74.), 0:2 Sammer (89.)

Deutschland – Schweiz 4:0 (1:0) **19.12.1990 in Stuttgart**
Illgner – Berthold – Kohler, Buchwald, Helmer – Reuter, Häßler, Matthäus, Sammer (74. Thom) – Klinsmann, Völler
Tore: 1:0 Völler (1.), 2:0 Riedle (66.), 3:0 Thom (75.), 4:0 Matthäus (85.)

Deutschland – Sowjetunion 2:1 (0:0) **27.3.1991 in Frankfurt**
Illgner – Berthold – Reuter, Kohler (53. Helmer), Buchwald, Häßler (58. Möller), Sammer, Matthäus, Doll – Klinsmann, Völler.
Tore: 1:0 Reuter (65.), 2:0 Matthäus (81.), 2:1 Dobrowolski (83., Foulelfmeter)

Deutschland – Belgien 1:0 (1:0) **1.5.1991 in Hannover**
Illgner – Berthold – Reuter, Beiersdorfer, Brehme – Häßler, Sammer, Matthäus, Doll – Klinsmann (77. Helmer), Völler (88. Riedle)
Tor: 1:0 Matthäus (3.)

Wales – Deutschland 1:0 (0:0) **5.6.1991 in Cardiff**
Illgner – Berthold – Buchwald, Kohler, Brehme – Reuter, Helmer, Matthäus (46. Doll), Sammer (74. Effenberg) – Klinsmann, Völler
Tor: 1:0 Rush (67.)

SAISON 1989/90 (Dynamo Dresden)
Oberliga: 20 Spiele, 10 Tore
Europacup: 2 Spiele, 0 Tore
DDR-Auswahlspiele: 9 Spiele, 3 Tore
Erfolge: DDR-Meister; DDR-Pokalsieger

DDR – Bulgarien 1:1 (1:1) **23.8.1989 in Erfurt**
Heyne – Stahmann – Kreer, Reich, Lindner, Döschner – Sammer, Ernst, Steinmann (66. Wosz) – Kirsten (73. Doll), Thom
Tor: 1:0 Kirsten (15.), 1:1 Jordanow (28.)

Island – DDR 0:3 (0:0) **6.9.1989 in Reykjavik**
Heyne – Stahmann – Kreer, Lindner, Döschner – Stübner, Sammer, Ernst (82. Steinmann) – Kirsten, Doll
Tore: 0:1 Sammer (55.), 0:2 Ernst (62.), 0:3 Doll (65.)

DDR – UdSSR 2:1 (0:0) **8.10.1989 in Karl-Marx-Stadt**
Heyne – Stahmann – Kreer, Lindner, Döschner – Stübner, Sammer, Ernst (74. Doll), Steinmann (88. Weidemann) – Kirsten, Thom
Tore: 0:1 Litowtschenko (74.), 1:1 Thom (80.), 2:1 Sammer (82.)

Malta – DDR 0:4 (0:2) **25.10.1989 in La Valetta**
Heyne (76. Bräutigam) – Lindner – Schößler, Kreer, Reich, Döschner (76. Herzog) – Weidemann, Ernst (46. Steinmann), Sammer (71. Stübner) – Kirsten, Doll (46. Thom)
Tore: 0:1 Doll (10.), 0:2 Doll (32.), 0:3 Steinmann (73., Foulstrafstoß), 0:4 Steinmann (86.)

Österreich – DDR 3:0 (2:0) **15.11.1989 in Wien**
Heyne – Stahmann – Kreer, Schößler, Lindner, Döschner (42. Doll) – Steinmann, Sammer (79. Weidemann), Stübner – Kirsten, Thom
Tore: 1:0 Polster (2.), 2:0 Polster (23., Foulstrafstoß), 3:0 Polster (61.)

Frankreich – DDR 3:0 (2:0) **24.1.1990 in Al Kuwait**
Heyne – Wagenhaus – Mauksch, Reich, Herzog – Stübner (72. Weidemann), Sammer (82. Weilandt), Wosz (46. Wuckel), Steinmann – Kirsten, Doll
Tore: 1:0 Cantona (2.), 2:0 Cantona (23.), 3:0 Deschamps (73.)

DDR- USA 3:2 (2:1) **1.4.1990 in Berlin**
Heyne – Peschke – Herzog, Lindner, Schuster, Büttner – Sammer, Ernst (75. Minkwitz), Steinmann – Kirsten (79. Rösler), Thom (65. Doll)
Tore: 1:0, Kirsten (17), 2:0 Kirsten (32.), 2:1 Vermes (41.), 3:1 Kirsten (66.), 3:2 Murray (85.)

DDR – Ägypten 2:0 (2:0) **11.4.1990 in Karl-Marx-Stadt**
Heyne – Peschke – Böger, Herzog, Schuster (57. Büttner), Minkwitz – Sammer, Ernst, Wosz (68. Weidemann) – Steinmann (86. Heidrich), Rösler
Tore: 1:0 Peschke (32.), 2:0 Sammer (41.)

Schottland – DDR 0:1 (0:0) **30.4.1990 in Glasgow**
Bräutigam – Peschke – Böger, Herzog, Lindner, Schuster – Sammer, Stübner (85. Büttner), Ernst – Kirsten, Doll
Tor: 0:1 Doll (72., Foulstrafstoß)

SAISON 1988/89 (Dynamo Dresden)
Oberliga: 25 Spiele, 6 Tore
Europacup: 10 Spiele, 0 Tore
DDR-Auswahlspiele: 9 Spiele, 0 Tore
Erfolge: Halbfinale UEFA Cup (0:1/1:1 gegen VfB Stuttgart); DDR-Meister

DDR – Griechenland 1:0 (1:0) **31.8.1988 in Berlin**
Weißflog – Kreer, Stahmann, Linder, Döschner – Stübner, Raab (76. Rohde), Steinmann – Kirsten, Sammer (72. Doll), Thom
Tor: 1:0 Sammer (24.)

DDR – Polen 1:2 (1:0) **21.9.1988 in Cottbus**
Weißflog (46. Rudwaleit) – Lindner, Stahmann, Rohde, Döschner – Steinmann, Ernst (65. Stübner), Raab (85.Scholz) – Kirsten, Thom, Doll (65. Sammer)
Tore: 1:0 Ernst (29.), 1:1 Furtok (60.), 1:2 Furtok (82.)

DDR – Island 2:0 (1:0) **19.10.1988 in Berlin**
Weißflog – Schößler, Stahmann, Lindner, Döschner – Ernst, Raab, Steinmann, Stübner (34. Sammer) – Kirsten, Thom
Tore: 1:0 Thom (34.), 2:0 Thom (88.)

Ägypten – DDR 0:4 (0:2) **13.2.1989 in Kairo**
Müller – Rohde – Scholz (46. Köhler), Trautmann, Lindner, Kreer – Doll (60. Marschall), Sammer, Steinmann (80. Bonan) – Kirsten, Thom
Tore: 0:1 Kirsten (5.), 0:2 Thom (43.), 0:3 Kirsten (84.), 0:4 Thom (87.)

Griechenland – DDR 3:2 (2:0) **8.3.1989 in Athen**
Müller – Rohde – Schößler, Kreer, Lindner, Stübner – Sammer, Halata (61. Marschall), Wahl (46. Doll) – Kirsten, Thom
Tore: 1:0 Saravakos (21.), 2:0 Wahl (29., Eigentor), 2:1 Halata (54.), 3:1 Saravakos (59.), 3:2 Thom (66.)

DDR – Finnland 1:1 (0:1) **22.3.1989 in Dresden**
Müller – Rohde – Lindner, Trautmann, Kreer – Stübner, Halata (75. Doll), Sammer (75. Hauptmann), Wosz – Kirsten, Thom (46. Gütschow)
Tore: 0:1 Lipponen (29.), 1:1 Trautmann (54.)

DDR – Türkei 0:2 (0:1) **12.4.1989 in Magdeburg**
Müller – Rohde – Trautmann, Lindner, Hauptmann – Stübner (46. Wuckel), Pilz (19. Doll), Minge, Sammer – Kirsten, Thom
Tore: 0:1 Tanju Colak (22.), 0:2 Ridvan (88.)

UdSSR – DDR 3:0 (3:0) **26.4.1989 in Kiew**
Weißflog – Lieberam – Hauptmann (74. März), Köhler, Trautmann, Döschner – Scholz (55. Kirsten), Sammer, Wosz – Doll, Thom
Tore: 1:0 Dobrowolski (2.), 2:0 Litowtschenko (20.), 3:0 Protassow (41.)

DDR – Österreich 1:1 (0:1) **20.5.1989 in Leipzig**
Weißflog – Stahmann – Lindner, Trautmann (46. Doll) – Stübner, Sammer (67. Weidemann), Rohde, Steinmann, Kreer – Kirsten, Thom
Tore: 0:1 Polster (3.), 1:1 Kirsten (86.)

SAISON 1987/88 (Dynamo Dresden)
Oberliga: 19 Spiele, 8 Tore
Europacup: 2 Spiele, 0 Tore
DDR-Auswahlspiele: 3 Spiele
Erfolge: Dritter der DDR-Meisterschaft

Spanien – DDR 0:0 **27.1.1988 in Valencia**
Müller – Schößler, Stahmann, Kreer, Zötzsche – Ernst (66. Stübner), Raab (59. Rohde), Liebers – Kirsten, Sammer, Doll (85. Pilz)

Marokko – DDR 2:1 (1:0) **2.3.1988 in Mohammedia**
Müller – Schößler, Stahmann, Kreer, Zötzsche – Stübner, Rohde (60. Pilz), Liebers (72. Steinmann) – Kirsten (72. Sammer), Ernst, Doll
Tore: 1:0 Khairi (23.), 2:0 Hamraoui (89.), 2:1 Ernst (90.)

DDR – Rumänien 3:3 (2:1) **30.3.1988 in Halle**
Müller (46. Radwaleit) – Kreer, Stahmann, Lindner, Zötzsche – Pilz, Stübner (66. Sammer), Steinmann (75. Raab) – Kirsten, Ernst, Thom
Tore: 1:0 Ernst (10.), 1:1 Müller (20., Eigentor), 2:1 Zötzsche (37., Handstrafstoß), 3:1 Stahmann (57.), 3:2 Andone (77.), 3:3 Geolgau (81.)

SAISON 1986/87 (Dynamo Dresden)
Oberliga: 20 Spiele, 7 Tore
Europapacup: nicht vertreten
DDR-Auswahlspiele: 1 Spiel
Erfolge: WM-Dritter U 18; Debüt in der DDR-Auswahl; DDR-Vizemeister

DDR – Frankreich 0:0 **19.11.1986 in Leipzig**
Müller – Schößler, Rohde, Stahmann, Döschner – Stübner, Liebers, Steinmann (62. Richter) – Thom, Kirsten (77. Sammer), Pastor

SAISON 1985/86 (Dynamo Dresden)
Oberliga: 18 Spiele, 8 Tore
Europapacup: 6 Spiele, 2 Tore
Erfolge: Europameister U 18; Viertelfinale Europacup der Pokalsieger (2:0/3:7 gegen Bayer Uerdingen); 6. Platz in der DDR-Meisterschaft

STERNSTUNDEN DES SPORTS *Legenden*

Die besten Teams und die großen Spiele in der Champions League und dem Europapokal der Landesmeister – in spannenden Texten und faszinierenden Bildern. Auf den Spuren der großen Spieler, die die internationale Fußballbühne beherrschten – bis hin zum Jahr 2001, als die Bayern nach 25 Jahren in Mailand wieder die Krone im europäischen Fußball erkämpften.

Die großen Spiele um den DFB-Vereinspokal, ausgetragen seit 1935, die legendären Mannschaften und die überraschendsten Außenseiter-Siege sowie die dramatischsten Entscheidungen an diesem alljährlichen »Festtag des deutschen Fußballs«, der seit 1985 wieder im Berliner Olympiastadion stattfindet, in spannenden Texten und faszinierenden Bildern.

Die großen Männer von Schalke 04 und ihre großen Spiele. Dazu die Begeisterung einer einzigartigen Fangemeinde auf Schalke – die Königsblauen, von den zwanziger Jahren des letzten Jahrhunderts bis zum Schalke-Jahr 2001 mit dem Herzschlag-Finale um die Deutsche Meisterschaft und der DFB-Pokalerfolg 2001 nach 29 Jahren – gegen den 1. FC Union Berlin.

Die spektakulärsten Kämpfe der Boxgeschichte. Rumble in the Jungle lebt hier noch einmal auf; Muhammad Ali und seine Mega-Fights; das menschliche Drama um den Champion Mike Tyson; natürlich Gentleman Henry Maske, aber auch die Brüder Klitschko, Dariusz »Tiger« Michalczewski und die Rocchigiani-Brüder. Der besondere Höhepunkt: Box-Legende Max Schmeling.

Wimbledon, das ist das Mekka aller Tennisspieler. »Mein Wohnzimmer«, hat Boris Becker den Rasen-Court im Londoner Stadtteil mal genannt. Hier schrieb der beste deutsche Tennisspieler aller Zeiten als 17-jähriger Junge aus Leimen Geschichte, ist im Wimbledon-Museum als jüngster Sieger aller Zeiten notiert.

Geschichten mit Seltenheitswert – quer durch alle Sportarten: Wie Leverkusens Arne Ökland ein Tor gegen die Bayern freiwillig zurücknehmen ließ; wie ein russischer Biathlet seinem deutschen Konkurrenten einen Skistock schenkte und seinem Rivalen so zur Medaille verhalf; wie Stirling Moss die WM vergab, weil er seinem Kontrahenten auf der Strecke Starthilfe gab, und vieles andere.

Sternstunden des Sports – Legenden

Die besten Teams und die großen Spiele in der Champions League und dem Europapokal der Landesmeister – in spannenden Texten und faszinierenden Bildern. Auf den Spuren der großen Spieler, die die internationale Fußballbühne beherrschten – bis hin zum Jahr 2001, als die Bayern nach 25 Jahren in Mailand wieder die Krone im europäischen Fußball erkämpften.

Die großen Spiele um den DFB-Vereinspokal, ausgetragen seit 1935, die legendären Mannschaften und die überraschendsten Außenseiter-Siege sowie die dramatischsten Entscheidungen an diesem alljährlichen »Festtag des deutschen Fußballs«, der seit 1985 wieder im Berliner Olympiastadion stattfindet, in spannenden Texten und faszinierenden Bildern.

Die großen Männer von Schalke 04 und ihre großen Spiele. Dazu die Begeisterung einer einzigartigen Fangemeinde auf Schalke – die Königsblauen, von den zwanziger Jahren des letzten Jahrhunderts bis zum Schalke-Jahr 2001 mit dem Herzschlag-Finale um die Deutsche Meisterschaft und der DFB-Pokalerfolg 2001 nach 29 Jahren – gegen den 1. FC Union Berlin.

Die spektakulärsten Kämpfe der Boxgeschichte. Rumble in the Jungle lebt hier noch einmal auf; Muhammad Ali und seine Mega-Fights; das menschliche Drama um den Champion Mike Tyson; natürlich Gentleman Henry Maske, aber auch die Brüder Klitschko, Dariusz »Tiger« Michalczewski und die Rocchigiani-Brüder. Der besondere Höhepunkt: Box-Legende Max Schmeling.

Wimbledon, das ist das Mekka aller Tennisspieler. »Mein Wohnzimmer«, hat Boris Becker den Rasen-Court im Londoner Stadtteil mal genannt. Hier schrieb der beste deutsche Tennisspieler aller Zeiten als 17-jähriger Junge aus Leimen Geschichte, ist im Wimbledon-Museum als jüngster Sieger aller Zeiten notiert.

Geschichten mit Seltenheitswert – quer durch alle Sportarten: Wie Leverkusens Arne Ökland ein Tor gegen die Bayern freiwillig zurücknehmen ließ; wie ein russischer Biathlet seinem deutschen Konkurrenten einen Skistock schenkte und seinem Rivalen so zur Medaille verhalf; wie Stirling Moss die WM vergab, weil er seinem Kontrahenten auf der Strecke Starthilfe gab, und vieles andere.